भगवान् श्रीराम के
7 रूप

भगवान् श्रीराम के 7 रूप

मेजर जनरल ए.के. शोरी

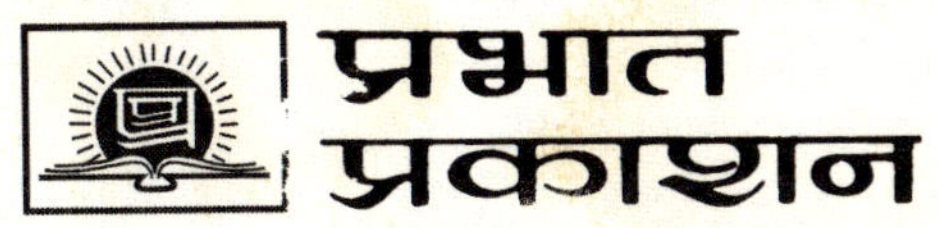

प्रकाशक • **प्रभात प्रकाशन प्रा. लि.**
4/19 आसफ अली रोड,
नई दिल्ली–110002

संस्करण • 2020
मूल्य • तीन सौ पचास रुपए
मुद्रक • नरूला प्रिंटर्स, दिल्ली

BHAGWAN SHRI RAM KE 7 ROOP
by Maj. Gen. A.K. Shori ₹ 350.00
Published by Prabhat Prakashan Pvt. Ltd., 4/19 Asaf Ali Road, New Delhi-2
e-mail: prabhatbooks@gmail.com ISBN 978-93-5186-811-8

प्राक्कथन

प्राय: ऐसा देखने में नहीं आता कि भारतीय सेना के वरिष्ठ अधिकारी को पुराणों के अध्ययन में भी रुचि हो। अपनी अत्यंत व्यस्त दिनचर्या में से समय निकालना सेना-अधिकारी के लिए आसान नहीं है। एक तरफ उस पर कोर को सँभालने की जिम्मेदारी हो तथा दूसरी तरफ उसके द्वारा मिथक का विश्लेषणपरक अध्ययन भी किया जाता हो; एक तरफ कमान सँभालना तथा दूसरे छोर पर शुद्ध शैक्षणिक कार्य वास्तव में एक दुष्कर कार्य है। लेकिन मेजर जनरल अमिल कुमार शोरी सैनिक होने के साथ-साथ विद्वान् भी हैं। वे एक कुशल प्रशासक, बेहतरीन खिलाड़ी तथा प्रखर मेधा के स्वामी हैं, अत: इसमें कोई आश्चर्य नहीं कि उन्होंने रामायण के कतिपय महत्त्वपूर्ण पक्षों का गहन अध्ययन करके एक बहुमूल्य दस्तावेज तैयार किया है।

रामायण विश्व भर में सर्वाधिक पाठेय, श्रद्धेय तथा पूज्य महाकाव्य है। यह प्रेम, त्याग, दृढ संकल्प, शौर्य तथा धर्म की गाथा है। श्रीराम ऐसे उत्कृष्ट व्यक्तित्व का प्रतिनिधित्व करते हैं, जिसमें मानव-चरित्र के बहुविध रूप समाहित हैं। श्रीराम के कर्मों के माध्यम से रामायण में सामाजिक और वैयक्तिक मूल्यों की व्यवस्था दरशाई गई है, जिसमें योद्धा और शासक के त्याग, संकल्प, शौर्य, प्रेम तथा प्रशासनिक गुण समाए हैं, इनको अनुकरण एवं आत्मसात् करने की आवश्यकता है। यकीनन यह कोई आसान कार्य नहीं है।

सामान्य तौर पर हम इलेक्ट्रॉनिक तथा प्रिंट मीडिया के जरिए चित्रित राम के जीवन से जुड़े आकर्षक नाटक-प्रस्तुति से परिचित हैं, खासतौर पर हम टी.वी. धारावाहिकों में दरशाए चरित्र से प्रभावित हैं। परंतु वास्तव में इससे महाकाव्य के दार्शनिक पक्ष, विचारों के सारतत्त्व की अभिव्यक्ति नहीं हो पाती, जिनके कारण सरल गाथा भी महाकाव्य में परिणत हो गई। आम जनता राम के व्यक्तित्व के कुछ रूपों से ही परिचित है, जैसे पुत्र, पति तथा भाई, लेकिन महान् योद्धा, उदात्त नायक, कुशल प्रशासक श्रीराम को अंतर्दृष्टि एवं ज्ञान-संपन्न व्यक्तित्व के रूप में स्पष्ट रूप से नहीं देखा जाता है, जिनकी वजह से उन्हें 'राजर्षि' की संज्ञा दी जाती है। राम-राज्य की अवधारणा प्रतीकात्मक नारे के रूप में प्रयुक्त की जाती है, लेकिन राम-राज्य के आधारभूत सिद्धांतों से लोग आज भी अनजान हैं।

वाल्मीकि की रामायण काव्य, दर्शन तथा बुद्धिमत्ता की अनूठी रचना है। महाकाव्य को सार रूप में तैयार करके विभिन्न रूपों में श्रीराम के बहुआयामी व्यक्तित्व को चित्रित करना सहज कार्य नहीं है। फिर भी जनरल शोरी ने इस पुस्तक के माध्यम से श्रीराम के उदात्त रूपों को चित्रित करने का असाधारण प्रयास किया है। इस कृति में यह भी दरशाया गया है कि किस प्रकार से श्रीराम के छह रूप उनके सातवें रूप अर्थात् मर्यादा पुरुषोत्तम में समाहित हो गए हैं। सबसे अधिक महत्त्वपूर्ण है कि जनरल शोरी ने इस कथा का समसामयिक विश्व से तालमेल बिठाया है—यह दरशाया है कि किस प्रकार से ये मूल्य आज भी हमारे समाज के सामाजिक-राजनीतिक ढाँचे में वैध हैं। इन्होंने सहजता से विस्तारपूर्वक दरशाया है कि ये प्राचीन मूल्य अभी तक प्रासंगिक हैं, यदि इनका निष्ठापूर्वक अनुसरण किया जाए तो रामराज्य कोरी कल्पना मात्र नहीं रह जाएगा।

—मेजर जनरल ए.के. शोरी

वी.एस.एम.

आमुख

रामायण व्यापक रूप से पढ़ा जाने वाला एक पूज्य एवं श्रद्धेय महाकाव्य है। श्रीराम को सर्वतोकृष्ट आराध्य नायक ही नहीं, 'मर्यादा पुरुषोत्तम' के रूप में भी जाना जाता है। साधारणतया रामायण महाकाव्य के संबंध में सभी जानते हैं तथा काफी लोगों को यह कथा हृदयंगम भी है। फिर भी मैं यह महसूस करता हूँ कि राम के बारे में जो हम जानते हैं, वह टी.वी. सीरियल, फिल्मों तथा रामलीला के लिए अपेक्षित अधूरी तथा रूपांतरित जानकारी ही है।

इस पुस्तक में इन सबको ध्यान में रखते हुए उनके व्यक्तित्व के विभिन्न रूप दरशाने का प्रयास किया गया है, ताकि उनके विचार और दर्शन के पीछे तर्काधार को समझा जा सके। प्रमुखत: यह शोध-कार्य वाल्मीकि रामायण (गीता प्रेस द्वारा प्रकाशित) पर आधारित है, क्योंकि इस ग्रंथ में सूक्ष्म रूप से राम के व्यक्तित्व के विभिन्न कोणों पर प्रकाश डाला गया है। इसलिए इस पुस्तक के वर्णित छंद और सर्ग वाल्मीकि रामायण से लिये गए हैं।

इस उदात्त महाकाव्य को पढ़ते समय गहन विचार किया गया और इस बारे में मुझे अनेक श्रेष्ठ विद्वानों से परामर्श भी लेना पड़ा। मैं डॉ. आशुतोष अंगिरस तथा मेजर जनरल एस.के. सेन, वी.एस.एम. का विशेष आभारी हूँ। उन्होंने सही राह दिखाई और मुझे बहुमूल्य सुझाव दिए। मैं

कर्नल सुरेश गुप्ता को धन्यवाद देता हूँ, उन्होंने शीघ्र प्रभावी ढंग से संपादन कार्य किया। मैं अपनी पत्नी तथा बच्चों का भी विशेष रूप से धन्यवादी हूँ, जिन्होंने मेरे स्वभाव की अस्थिरता को सहन किया!

मैं धन्यवादी हूँ, डॉ. राजेश्वरी गौतम का, जिन्होंने हिन्दी रूपांतर को शुद्ध करने में पूर्ण योगदान दिया।

लेखक की बात

डार्विन के विकासवाद के अनुसार समय गुजरने के साथ-साथ सरल पूर्वजों से जटिल प्राणी विकसित हुए। इसका निहितार्थ है कि विकास की प्रक्रिया आरोही क्रम में होती है, क्योंकि अमीबा से कीट, पशु, चिंपैंजी तथा अंततः मनुष्य अस्तित्व में आए। तथापि इस सिद्धांत से यह पता नहीं चलता कि यह वृद्धि की प्रक्रिया यहीं आकर समाप्त होने जा रही है या भविष्य में भी चलती रहेगी? इसके विपरीत, हिंदू पुराण शास्त्रों में सृजन के बारे में बताया गया है कि यह सृष्टि या ब्रह्मांड विकास की प्रक्रिया से होकर नहीं गुजरा बल्कि 'सृजनकर्ता' ब्रह्मा द्वारा तत्क्षण अस्तित्व में आया है। पुराणों में विकास की दृष्टि से यह माना गया है कि यह सृष्टि चार युगों से गुजरी है, अर्थात् सत्य (कृत), त्रेता, द्वापर तथा कलियुग। कलियुग की अवधि 4,32,000 वर्ष है। द्वापर युग 8,64,000 (कलियुग से दुगुना काल), त्रेता युग 12,96,000 वर्ष (कलियुग से तीन गुना काल) तथा सत्य (कृत) युग 17,28,000 वर्ष (कलि युग से चार गुना) रहा। इन चार युगों से एक महायुग बनता है, जिसकी अवधि 43,20,000 वर्ष के लगभग है।

वर्तनान युग कलियुग है, इस चौथे युग के अंत में सृष्टि का अंत हो जाएगा तथा साथ ही नई 'सृष्टि' का सृजन होगा। इस नवयुग की आकृति अभी अज्ञात है तथा डार्विन का सिद्धांत भविष्य के बारे में कोई

संकेत नहीं देता। यह माना जाता है कि पुनः सतयुग (कृत) का प्रादुर्भाव होगा तथा यह सृष्टि-चक्र चलता रहेगा। रोचक तथ्य यह है कि अध्यात्म के अनुसार सत्य (कृत) युग का आरंभ पहले से ही हो चुका है।

विज्ञान प्रयोग का अनुसरण करता है, जबकि पुराण-शास्त्र का आधार विश्वास है। विज्ञान कूटबद्ध है, प्रलेख बद्ध है तथा भलीभाँति अनुभवजन्य और प्रयोगगत है। लेकिन पुराण-शास्त्र परंपरा आधारित, मौखिक एवं अनुभव आधारित है। पुराणों में कल्पना की प्रमुख भूमिका होती है, सुनी सुनाई (किंवदंतियाँ) विकार की अंतनिहित सँभावनाएँ होती हैं। व्यक्ति निष्ठ का तत्त्व होने से चीजों की व्याख्या करने हेतु शोषण की काफी गुंजाइश रहती है, क्योंकि यही रुचि-अरुचि में महत्त्वपूर्ण स्थान रखती है। तथापि विज्ञान और पुराण का प्रयोजन या अंतिम लक्ष्य एक ही है। दोनों ही परम 'सत्य' की खोज करते हैं। परंतु मिथक एक कदम आगे बढ़ जाता है, क्योंकि यह जीवन का प्रयोजन समझने में मददगार है। रहस्यवाद चमत्कार से महिमामंडित होता है तथा भ्रम उत्पन्न करता है, इसे 'माया' कहा जाता है।

हम किसी भी सिद्धांत को स्वीकार करें, तथ्य यही है कि वैयक्तिक और सामाजिक व्यवस्था में व्याप्त द्वंद्व और अराजकता में व्यक्ति इतना उलझ गया है कि उसे सामाजिक, सांस्कृतिक, भावनात्मक तथा बौद्धिक दृष्टि से घुटन महसूस होती है। द्वंद्व हमेशा रहा है, लेकिन अब इसके आयाम तेजी से बढ़ गए हैं। जागरूकता का स्तर बहुत ऊँचा है तथा तेजी से बढ़ रहा है, क्योंकि संचार क्षेत्र में व्यापक स्तर पर वृद्धि हो रही है। तीव्र औद्योगिकीकरण और प्रौद्योगिकीय प्रगति के परिणामस्वरूप एशो-आराम से प्रतिदिन के जीवन में बहुत ज्यादा सुविधा हो गई है, क्योंकि यातायात और संचार के माध्यमों से भौगोलिक दूरियाँ कम हो गई हैं। विडंबना है कि अधिक सुखद होने के स्थान पर जीवन तनावग्रस्त, जटिल तथा उलझनों से भर गया है।

खेद है कि दिशाहीन और छद्म भूमिका वाले मॉडल बेहतर शांतिप्रिय एवं सार्थक जीवन की ओर पीढ़ियों को अग्रसर नहीं कर पा रहे, बल्कि ये समस्याओं को कई गुना बढ़ा रहे हैं। परिणामस्वरूप मनुष्य को कहीं ऐसा आश्रय नहीं मिल रहा, जिससे उसे राहत मिल सके। उसकी खोज भ्रमित तथा कृत्रिम है, जिससे निराशा बढ़ रही है। एक भुलावा है, क्योंकि उसके पीछे भी स्वार्थ है तथा छिपा हुआ मंतव्य है। पृथ्वी भी सिकुड़ती जा रही है तथा प्राकृतिक संसाधनों से भरपूर 'वसुंधरा' रूप में इसकी पहचान भी लुप्त होती जा रही है। क्योंकि यहाँ प्रदूषण दिन-प्रतिदिन बढ़ रहा है। बौद्धिक दिवालियापन से वैयक्तिक सामाजिक और राजनीतिक जीवन में रिक्तता आ रही है, जिससे औसत बुद्धिजीवी वर्ग भी स्वयं को मानवजाति के उद्धारक रूप में पेश कर रहा है तथा पीढ़ियों को गुमराह कर रहा है।

विभिन्न प्रकार के मनोवैज्ञानिक मुद्दों की जड़ें शून्यता में निहित हैं, इस प्रकार से मानव समाज में भी खालीपन फैलता जा रहा है। मनोवैज्ञानिक रोगियों की संख्या बढ़ रही है। व्यापक रूप से आज ये शब्द इस्तेमाल किए जा रहे हैं—स्व, वैयक्तिकता, वैयक्तिक स्वतंत्रता, गलतफहमी, तालमेल, संबंधों में कटुता, पीढ़ी-अंतराल आदि। ये शब्द गहन अनुसंधान और विश्लेषण का विषय बन चुके हैं। इन समस्याओं को सुलझाने में पेशेवर लोग मदद कर रहे हैं। कॉलेज में इन्हें पढ़ाया जाता है, विचार-विमर्श किया जाता है और इस पर संगोष्ठियों में वाद-विवाद किया जाता है, शोध-पत्र लिखे जाते हैं, आँकड़ों के साथ इनका प्रचार किया जाता है एवं इनका सांख्यिकीय विश्लेषण करके संबंधों के बीच इनकी विद्यमान प्रवृत्तियाँ बताई जाती हैं।

तथापि जब तक मुद्दों को स्पष्ट रूप से चित्रित नहीं किया जाता तथा इन्हें पहचाना नहीं जाता, तब तक हम समाधान नहीं ढूँढ़ सकते। 'शुद्धीकरण' शब्द को 'समाधान' की तुलना में अधिक तरजीह दी जाती

है, क्योंकि मन, बुद्धि और विचार की प्रक्रियाएँ अत्यधिक दूषित हो चुकी हैं। हमें सबसे पहले ऐसे मुद्दों को पहचानना है, जिनसे व्यक्ति, समाज और समग्र वातावरण चिंतित है। उसके बाद संभव समाधानों की खोज की जाए। मामूली सी समस्या को जटिल बनाने तथा फिर इसे सुलझाने के लिए विशेषज्ञों की सेवाएँ लेना फैशन बन गया है। सदियों पुरानी कहावत 'सादा जीवन, उच्च विचार' कालातीत तो मानी जाती है, साथ ही इसे भलीभाँति समझे बिना इसका उपहास उड़ाया जाता है। अतीत का गौरव शब्दाडंबर बनकर रह गया है, ताकि कर्मकांड, रीति-रिवाजों के माध्यम से धर्म के नाम पर आम जनता की भावनाएँ भड़काई जा सकें तथा मतिभ्रम उत्पन्न किया जा सके। अज्ञात के भय से बुद्धि कुंठित होती जा रही है तथा आस्था और धर्म के नाम पर तार्किक दृष्टि से सोचने की प्रक्रिया पंगु होती जा रही है।

मानवजाति को पौराणिक विकास में अटूट विश्वास है। हमने विभिन्न युग पुरुषों का गुणगान किया है तथा उन्हें ईश्वर का दर्जा दिया है। निस्संदेह मानवजाति को इनके गुणों की पूजा करनी चाहिए तथा इनका अनुसरण करना चाहिए। लेकिन इस दिशा में कोई ठोस एवं गंभीर प्रयास नहीं किया गया है। हमारे पास इससे संबंधित अनेक बहाने भी हैं और हम कई दलीलें देते हैं, जैसे 'व्यवहार में यह नामुमकिन है' तथा 'हम ऐसा नहीं कर सकते,' क्योंकि हम मामूली इनसान हैं और ये साक्षात् भगवान्। लुप्त सह-संबंध के कारण खोखलापन आ गया है, क्योंकि सांसारिक एवं आध्यात्मिक धरातल पर समस्याएँ सुलझाने के लिए आचरण, व्यवहार और उपदेश से मिल रही सीख को जीवन में उतारने की सँभावना लुप्त हो रही है। इन युगपुरुषों को भगवान् के रूप में प्रस्तुत करना सुविचारित चाल है, ताकि ये पूजा का विषय बने रहें, आराध्य बने रहें, क्योंकि इन्हें मानव समझना असंभव है। मनुष्य की स्वार्थ प्रवृत्ति प्रधान होती जा रही है, ऐसा कर्मकांड, रीति-रिवाजों तथा पजा-अर्चना के

माध्यम से हुआ है, इन्हें अवतार रूप में मानना फैशन बन चुका है, जो और कुछ नहीं, मात्र पाखंड की जननी है।

यहाँ तक कि मनुष्य आजीवन संघर्ष करता रहता है, विभिन्न भूमिकाएँ निभाता है तथा परिवार, संबंध, हमउम्र, वरिष्ठ जन तथा मोटे तौर पर समाज के साथ तालमेल बिठाने की कोशिश करता है। उसे स्वयं को अपनी चेतना, सोचने के ढंग तथा जीवन शैली से व्यक्ति निष्ठ रूप में प्रस्तुत करना होता है। व्याप्त खोखलेपन से चिंता भग्नाशा तथा मन में उद्विग्नता उत्पन्न होती है। इससे अस्तित्व से जुड़े प्रश्न खड़े होते हैं। 'मैं कौन हूँ?' परिणामस्वरूप व्यंक्ति अन्यत्र मन की शांति ढूँढ़ने की कोशिश करता है, जो भगवान्/ईश्वर दूत/धार्मिक स्थल/समूह हो सकता है। विश्वास या आस्था के आवरण में तार्किक ढंग से वस्तुओं, कार्यों, घटनाओं को जानना तथा समझना कम होता जाता है तथा जानने और समझने की शक्ति क्षीण होती चली जाती है। अब सवाल उठता है—

मनुष्य और ईश्वर निकट क्यों नहीं आ सकते?

क्या आराधना के साथ-साथ ईश्वर का अनुसरण मनुष्य के लिए असंभव है?

क्या हम इतने निम्न हैं तथा ईश्वर की सत्ता इतनी उच्च है कि वह हमारी पहुँच से बाहर है, अगम है?

यदि हाँ, तो भगवान् से क्या प्रयोजन है?

जब हम मानव भावनाओं तथा अनुभूति की बात करते हैं, तो तेजी से आगे बढ़ता जीवन तथा प्रौद्योगिकी पर बढ़ती निर्भरता का बहाना बना लिया जाता है। लेकिन किसी-न-किसी रूप में प्रौद्योगिकी हमेशा विद्यमान रहती है। ढोल पर ताल के जरिए संदेश देना भी ऐसी प्रौद्योगिकी है, जिससे विशेष लय का अनुसरण करते हुए ध्वनि दूसरों तक पहुँचती है। महाभारत के 'संजय' की क्या भूमिका थी? निश्चित रूप में, संजय युद्ध के दृश्यों का आँखों देखा हाल सुना रहा था। भले ही उसका श्रोता मात्र

धृतराष्ट्र था। चौदह वर्ष का वनवास बिताने के बाद श्रीराम किस वाहन से अयोध्या लौटे थे? क्या हम वर्तमान काल के सैनिकों द्वारा प्रयुक्त रॉकेट की अतीत के तीरों से तुलना नहीं कर सकते? किसी खास कोड को दबाकर हम ए.टी.एम. से पैसा ले सकते हैं, यदि इसे ध्वन्यात्मक मॉड्यूल में बदल दिया जाए तो पिन की जगह इसे 'मंत्र' कहा जाएगा। ऐसे अनेक उदाहरण मिलते हैं, जिनसे स्पष्ट हो जाता है कि प्रौद्योगिकी का सर्वदा अस्तित्व रहा है, लेकिन यह हमारे लक्ष्य प्राप्ति का साधन रही। यह हमारी पंगु सोच, मनोवृत्ति है कि हम सारा दोष प्रौद्योगिकी पर मढ़ देते हैं, यह कुछ नहीं मात्र पलायन है।

ऋतुएँ बदलती हैं, साल गुजरते हैं, सदियाँ गुजर जाती हैं, खान-पान की आदतें बदल जाती हैं, जीवन-शैली बदलती है, यातायात और संचार के साधन बदल जाते हैं; सब कुछ बदल जाता है, बस एक पहलू छोड़कर—

इनसान का इनसान से
संघर्ष
परस्पर मानव-मूल्यों
का संघर्ष
सत्य का असत्य
से संघर्ष
प्रेम का घृणा
से संघर्ष
स्नेह का ईर्ष्या
से संघर्ष
अहिंसा का हिंसा
से संघर्ष।

यह संघर्ष शाश्वत काल से निरंतर चला आ रहा है। हर व्यक्ति

रामलीला, टी.वी. धारावाहिकों तथा फिल्मों के जरिए रामायण की गाथा जानता है। लेकिन वास्तव में यह निम्नलिखित गुणों की उदात्त गाथा है—

- प्रेम,
- त्याग,
- साहस,
- मैत्री,
- नैतिकता,
- दृढ संकल्प और आदर।

इन पहलुओं, विषयों को ध्यान में रखते हुए राम के व्यक्तित्व के सात विभिन्न गुणों का पता लगाने और उन पर प्रकाश डालने का प्रयास किया गया है। पुत्र, भाई, मित्र, पति, योद्धा, शासक (सीमित रूप में) तथा दार्शनिक (जैसा कि प्रत्येक भारतीय को होना चाहिए) के रूप में प्रत्येक मनुष्य में राम के सप्त गुण पाए जाते हैं। कुछ प्रश्नों के उत्तर खोजने के लिए हमें सोच-विचार करने की आवश्यकता है। रामायण सादर एवं श्रद्धा के साथ पढ़ी जाती है। मेरे मस्तिष्क में कुछ प्रश्न उभरते हैं—

1. क्या हम इसका वास्तव में अनुसरण कर रहे हैं?
2. क्या हमने इसमें समाहित घटनाओं को तार्किक ढंग से प्रतिदिन के जीवन से जोड़ने का प्रयास किया है?
3. क्या इसमें ऐसा सबकुछ है, जिससे हमें समस्याओं का समाधान मिल पाएगा?
4. क्या इसमें परम बुद्धिमत्ता-ज्ञान समाविष्ट है?
5. मृत्यु के कगार पर मनुष्य 'राम' शब्द का उच्चारण करता है, तब ऐसा क्यों समझा जाता है कि उसे मुक्ति मिल जाएगी?
6. अभिवादन का सबसे सरल तथा पवित्र शब्द 'राम-राम' क्यों

माना जाता है? यहाँ तक कि भारतीय सेना में भी ये शब्द प्रचलित हैं?

7. क्या इस पवित्र ग्रंथ को मात्र कोमल वस्त्र में लपेटकर, अगरबत्ती दिखाकर तथा शीश झुका लेने भर से हमारे कर्तव्य की इतिश्री हो जाती है?

अनुक्रम

पहला रूप

पुत्र रूप में श्रीराम

प्रत्येक मनुष्य का अन्य मनुष्यों के साथ सर्वप्रथम भावनात्मक तथा सामाजिक संबंध अपने परिवार से आरंभ होता है। जन्म से बहुत पहले भ्रूण को माँ से जोड़ने वाली गर्भनाल (Umbilical Cord) पहला भौतिक, भावात्मक और आध्यात्मिक संबंध है, बंधन है। परिवार की संकल्पना पशु और सामाजिक पशु अर्थात् मनुष्य के बीच अंतर उजागर करती है। भावनात्मक लगाव मिलकर बाँटने तथा देखभाल करने, सुख-दुख, मिलकर आगे बढ़ने तथा सीखने की प्रक्रिया से परस्पर संबंध स्थापित होता है, जिसकी जड़ें इतनी गहरी होती हैं कि मृत्यु तक व्यक्ति दूसरों के साथ जुड़ा रहता है। जैसे-जैसे व्यक्ति बढ़ता है यह कैनवास भी बड़ा होता जाता है तथा संबंधों का स्पैक्ट्रम भी व्यापक होने लगता है।

बच्चा और माँ-बाप—कुछ दशक पहले तक प्रत्येक वस्तु या घटना अथवा स्थिति सही तरीके से घूमती रहती थी। परिवार प्रसन्न, संतुष्ट, भली प्रकार से परस्पर जुड़ा हुआ, एक-दूसरे की देखभाल करनेवाला था। सभी इससे आश्वस्त होते थे कि परिवार का प्रत्येक सदस्य फल-फूल रहा है। बच्चे खेलते-कूदते थे तथा बड़े सदस्यों का समुचित आदर

किया जाता था। मातृ तथा पितृपक्ष के रिश्तेदार भी ध्यान रखते थे तथा वे अपने भतीजे/भतीजियों के साथ प्यार करते थे। उन्हें अपने बच्चों की तरह मानते थे। कभी-कभी बच्चे माँ-बाप से ज्यादा इन रिश्तेदारों के साथ अधिक जुड़े होते थे। वे रिश्तेदारों का सम्मान करते थे, उनसे डरते थे तथा कभी-कभी उन्हें अपना आदर्श भी मानते थे। बच्चों को उनके खानदान से पहचाना जाता था। परिवार का मान-सम्मान 'स्व' से अधिक महत्त्वपूर्ण होता था। यदि श्रेष्ठ कार्य पर बच्चों की कामयाबी से परिवार को गौरव होता था, परंतु किसी एक सदस्य के खराब चाल-चलन से पूरे परिवार की प्रतिष्ठा पर धब्बा लग जाता था।

यह भी तथ्य है कि पाँचवें-छठे दशक तक आजीविका के साधन अपेक्षाकृत कम थे तथा लोग समृद्ध नहीं थे। परिवार में केवल एक या दो सदस्य कमाता था तथा पूरा परिवार उस पर आश्रित होता था। इसके साथ-साथ यह भी सच्चाई है कि जीवनयापन पर खर्च बहुत अधिक नहीं होता था तथा लोगों की ज़रूरतें भी कम थीं। सादगी को गरिमा और मान-सम्मान का प्रतीक माना जाता था तथा जो कुछ भी पास होता था, लोग उससे संतुष्ट रहते थे। उस समय दिखावे के लिए वस्तुएँ अर्जित करने की प्रवृत्ति नहीं थी। लोगों में यह उत्कट इच्छा नहीं होती थी कि मार्केट में उपलब्ध हर वस्तु उसके पास हो, चाहे उसकी जरूरत है या नहीं। ब्रांड के बारे में जागरूकता न के बराबर थी। आज से मात्र 50-75 वर्ष पहले ऐसे ही होता था।

लेकिन स्थिति कैसे बदल गई तथा परिवार के बीच संबंध भी बदलने लगे? खासतौर पर बच्चों और माँ-बाप के बीच, सगे भाई-बहनों के बीच संबंधों में इतनी खटास आने लगी कि परिवार की शांति और सुख-चैन ही बिखर गया? कैसे परिवार की जगह 'स्व' अधिक महत्त्वपूर्ण हो गया? किस प्रकार से धन भावनाओं पर इतना हावी हो गया कि जायदाद हड़पने के लिए अपने पिता की हत्या करने तथा स्वयं

पिता अपनी बेटियों के बलात्कार में शामिल होने में हिचकिचाते नहीं?

परिवार में कुछ भी घटित हो, उसका प्रत्येक सदस्य पर प्रभाव पड़ता है तथा परिवार में घटित घटना का समग्रत: समाज पर प्रभाव पड़ता है। यह क्रिया-प्रतिक्रिया की शृंखला है; वस्तुत: यह कहना भी उचित है कि समाज के बीच कटु संबंधों के बीज परिवार में ही निहित होते हैं, जो व्यक्तित्व और व्यक्ति के अहं के बीच टकराव के कारण बनते रहते हैं। आचरण और व्यवहार में कड़वाहट अपने को सही ठहराने तथा दूसरों को गलत ठहराने की कोशिश स्वयं को श्रेष्ठ सिद्ध करने की मनोवृत्ति—इन सबकी परिणति टकराव में होती है तथा इसके बाद संबंध टूटने लगते हैं, अलगाव आने लगता है।

ऐसे कटु संबंधों का अन्य कोण भी है। बच्चा लगातार इस दबाव में बढ़ता है कि वह अच्छा प्रदर्शन करे तथा उसके अंदर धीरे-धीरे मानसिक दबाव या तनाव पनपने लगता है। यदि बच्चा अपेक्षित मापदंडों पर खरा नहीं उतरता, तो उसके भीतर निराशा, कुंठा उत्पन्न होने लगती है, जिसमें अनादर का भाव भी समाहित होता है। बेपरवाह होने की मनोवृत्ति बढ़ने लगती है। इसके अलावा गलतफहमी बढ़ने लगती है और व्यक्तित्व में परिवर्तन आने लगता है। परिणामस्वरूप मनमुटाव होने लगता है और माँ-बाप तथा बड़ों का निरादार होने लगता है। मनमुटाव इस गलतफहमी में संचित होने लगता है कि यह मेरा जीवन है, फिर इसका परिणाम अलगाव होता है। एकाकीपन या माता-पिता-संबंधों से दूरियाँ पृथकता को, विमुखता को बढ़ावा देती हैं, जो विशेष तौर पर शादी के बाद और अधिक मुखरित होती है।

चूँकि लड़कियाँ भी जीवन में ऐसी ही स्थिति को झेलती हैं, इसलिए दो हताश, कुंठित, उपेक्षित तथा एकाकी व्यक्ति मिलते हैं तो विवाह के माध्यम से एक-दूसरे को तसल्ली देने की कोशिश करते हैं। तथापि शादी के तुरंत बाद अपने लिए गुंजाइश की जरूरत हावी होने लगती है

तथा पति और पत्नी के बीच संबंध में विकार आने लगते हैं। मामूली गलतफहमी से परिवार के भीतर सामंजस्य का मुख्य मुद्दा उठने लगता है। उन्नत व्यक्तित्व तथा अहंकार से भरी दो पृथक् अस्मिता के बीच टकराव से भावनात्मक खालीपन उत्पन्न होने लगता है, जिससे वैवाहिक जीवन में मनमुटाव, निरंतर कलह, तलाक, यहाँ तक कि आत्महत्या जैसी स्थितियाँ उत्पन्न हो जाती हैं।

वे बिना प्रश्न किए अथवा परिणामों और अन्य विकल्पों के बारे में माता-पिता अथवा बड़ों की बात को माने, वे अपनी सूझ-बूझ तथा विवेक से समुचित विश्लेषण करते हैं तथा यह निर्णय ले लेते हैं कि कोई आदेश या निर्देश उनकी रुचि या हित के अनुकूल है या नहीं?

इसलिए हम किसकी ओर देखें? हमारे आदर्श कौन हैं या हमारी प्रेरणा का स्रोत कौन है? हम उन्हें भूल गए हैं? यह सब इरादतन या अनजाने में होता है? क्या किसी हस्ती का अभी भी आदर किया जाता है? क्या यह हस्ती आज भी प्रासंगिक है? यदि हाँ, तो ऐसा व्यक्तित्व कौन है? श्रीराम आदर्श पुत्र का उदाहरण हैं। अपने पिता के वचन एवं उनके द्वारा दिए गए वरदान के प्रति श्रीराम की प्रतिबद्धता इतनी पावन थी कि उन्होंने पिता के शब्दों का मान रखने के लिए राज्य का परित्याग कर दिया। वस्तुतः यह पिता द्वारा दिए गए वचन का मान रखना मात्र नहीं है बल्कि ऐसा करके रघुकुल की वचनबद्धता और प्रतिष्ठा की मर्यादा बनाए रखी गई।

और रामायण में संबंधों के बारे में क्या कहा गया है? मर्यादा पुरुषोत्तम राम इन संबंधों के बारे में क्या सोचते हैं? आइए, इस महाकाव्य से इन प्रश्नों का उत्तर ढूँढ़ने का प्रयास करते हैं। हम सभी भलीभाँति जानते हैं कि दशरथ अन्य बच्चों की तुलना में श्रीराम से कितना प्यार करते थे। वे इस बात की कल्पना भी नहीं कर सकते थे कि श्रीराम एक क्षण के लिए भी उनसे अलग होंगे। जब ऋषि विश्वामित्र ने दशरथ से अनुरोध किया

कि वे राम और लक्ष्मण को उनके साथ जाने की अनुमति दें, क्योंकि राक्षस नाना प्रकार की मुसीबतें खड़ी कर रहे हैं। शुरू में दशरथ ने राम को अपने से अलग करने से मना कर दिया, परंतु बाद में वसिष्ठ मुनि के समझाने पर राजा दशरथ मान गए। हालाँकि वे कैकेयी को दिए वरदानों से बँधे नहीं थे, माँ कौशल्या तथा अयोध्या नगरी के नागरिकों ने भी उन्हें रोका था, लेकिन श्रीराम ने अपने धर्म का पालन किया, अर्थात् सवाल उठाए बिना अपने पिता की आज्ञा का पालन किया।

आइए, 'वाल्मीकी रामायण' में पुत्र रूप में राम के चरित्र को जानने का प्रयास करते हैं।

राम और दशरथ

(क) जब विश्वामित्र राम और लक्ष्मण को अपने साथ वन ले गए, तब उनका लक्ष्य राक्षसों के विनाश में उन दोनों की सहायता लेना था। उन्होंने भयानक राक्षसी ताड़का का सामना किया। राम ताड़का के विरुद्ध लड़ने में हिचकिचा रहे थे, क्योंकि वह राक्षसी थी। उन्होंने महसूस किया कि किसी नारी को मारना क्षत्रिय धर्म के विरुद्ध है, भले ही वह राक्षसी हो। विश्वामित्र ने उसकी वास्तविकता समझाई। उन्होंने दशरथ द्वारा दिए आदेशों तथा अनुदेशों के अनुसार उनके (विश्वामित्र के) आदेशों का पालन करने एवं उनके साथ वन

गमन के प्रयोजन के प्रति वचनबद्धता का स्मरण कराया।

इस प्रसंग से धर्म का अन्य रोचक और महत्त्वपूर्ण पहलू उजागर होता है। राम दो सिद्धांतों के प्रति खिंच रहे थे—एक किसी नारी को जानबूझकर चोट नहीं पहुँचाना तथा दूसरा पिता को दिए वचन का पालन। दोनों सिद्धांतों का एक साथ पालन नहीं किया जा सकता।

किसी स्थिति में दो में से एक सिद्धांत का चयन करने के लिए ऐसा पदानुक्रम होना चाहिए, जहाँ कोई अन्य लोगों की तुलना में उच्च पद पर हो। यह रोचक पहलू हैं, क्योंकि हमें मूल्यों के बीच द्वंद्व का सामना करना पड़ता है, इसलिए अकसर प्रतिदिन के जीवन में भी हम परस्पर विरोधी मूल्यों के बीच झूल जाते हैं। हम किसी रास्ते को कैसे चुनें? यह प्रवृत्ति तर्क पर आश्रित होती है, जैसे—समझौता करना, दुनियादारी, व्यावहारिक बनो, ऐसा तो सिर्फ किताबों में होता है, ताकि स्वार्थ को न्यायसंगत या उचित ठहराया जा सके। नीचे दिए अनुसार रामायण में राम के प्रथम रूप का वर्णन किया है—

बालकांड, छंद-26, सर्ग 2-3,4

"भगवन्, मेरे पिता ने उपदेश दिया था कि पिता के कहने से पिता के वचनों का गौरव रखने के लिए कुशिक नंदन विश्वामित्र की आज्ञा का नि:शंक होकर पालन करना! कभी भी उनकी बात की अवहेलना न करना।"

अत: अपने पिता के उपदेश को सुनकर आप ब्रह्मवादी महात्मा की आज्ञा से ताड़का वध संबंधी कार्य को उत्तम मानकर करूँगा—इसमें किंचित् भी संदेह नहीं है।

(ख) जब श्रीराम को उनके पिता ने महल में बुलाया तो उन्होंने देखा कि हताश और दुखी दशरथ पलंग पर लेटे थे। वे किंकर्तव्यविमूढ़ थे। दशरथ को असामान्य स्थिति में देखकर राम भी विक्षुब्ध हो उठे।

उन्होंने कैकेयी से कारण पूछा तो उन्हें पता चला कि उन्हें राजगद्दी का त्याग करके 14 वर्ष के लिए वनवास में जाना है। एक क्षण गँवाए बिना वे वनवास के लिए तैयार हो गए। कैकेयी ने उन्हें विस्तारपूर्वक बताया कि क्यों राजा दशरथ दुखी होकर औंधें मुँह लेटे हैं। कैकेयी ने संदेह व्यक्त किया कि राम राजा के वचन का पालन करेंगे या नहीं? अतः उसने राम से पूछा कि क्या वे भले-बुरे पर विचार किए बिना राजा की आज्ञा का पालन करेंगे? यदि राम इससे सहमत होंगे, तभी वह समूचा प्रसंग दोहराएगी।

अब राम के लिए पिता की आज्ञा मानने या न मानने का प्रश्न ही नहीं था। संदेह कल्पनातीत था, क्योंकि श्रीराम अपने जीवन तथा अस्तित्व के लिए पिता के ऋणी थे। उनके लिए पिता की इच्छा-पूर्ति के सम्मुख सभी सांसारिक ऐशो-आराम तुच्छ हैं।

(ग) इसलिए समझने योग्य पहलू है कि

1. उनका अपने पिता के साथ कैसा संबंध था।
2. दशरथ द्वारा कैकेयी को दिए वरदानों को जानने के बाद राम की क्रिया-प्रतिक्रिया क्या रही?
3. क्या दशरथ साधारण रूप में श्रीराम के जनक थे या इससे भी ज्यादा थे?
4. राम द्वारा पिता की आज्ञा का पालन करने के पीछे मूल कारण राजा की आज्ञा थी या पिता की आज्ञा?
5. अचानक से परिवर्तित इस स्थिति के प्रति राम की समग्र प्रतिक्रिया क्या रही?
6. क्या वे इससे उद्विग्न थे कि उन्हें अयोध्या छोड़कर 14 वर्षों के लिए वन में वास करना होगा?

और जब कैकेयी ने कारण बताया तो राम यह जानकर स्तब्ध रह गए, क्योंकि उन्होंने यह अनुभव किया कि पिता के प्रति उनकी निष्ठा,

आदर तथा समर्पण भाव पर प्रश्न उठाया गया है।

इसे इस प्रकार से स्पष्ट किया गया है—

अयोध्या कांड (छंद-18), सर्ग 15,16,28,29,30

"महाराज को असंतुष्ट करके अथवा इनकी आज्ञा न मानकर इन्हें कुपित कर देने पर मैं दो घड़ी भी जीवित नहीं रहना चाहूँगा।"

"मनुष्य जिसके कारण इस जगत् में अपना प्रादुर्भाव (जन्म) देखता है, उस प्रत्यक्ष देवता पिता के जीते जी वह उसके अनुकूल बरताव क्यों न करेगा?"

"अहो! ऐसे वचनों को सुनना मेरे लिए शर्मनाक है, जो मेरे अपने पिता के प्रति निष्ठा पर प्रश्नचिह्न हों। (शंका करते) तुम्हें मेरे प्रति ऐसी बात मुँह से नहीं निकालनी चाहिए। मैं महाराज के कहने से आग में भी कूद सकता हूँ।"

"महाराज मेरे गुरु, पिता और हितैषी हैं, मैं उनके कहने से भयंकर विष का भी भक्षण कर सकता हूँ और समुद्र में भी कूद सकता हूँ।"

इसलिए देवि! जो अभीष्ट है, वह बताओ! मैं प्रतिज्ञा करता हूँ, उसे पूर्ण करूँगा। राम दो बार नहीं बोलते।

(छंद-19) सर्ग 2,3,4,5,6,7,8,9,10, 11,20,21,22

"मैं महाराज की प्रतिज्ञा का पालन करने के लिए जटा और वल्कल धारण करके वन में रहने के निमित्त अयोध्या से चला जाऊँगा।"

"परंतु मैं यह जानना चाहता हूँ कि आज दुर्जेय तथा शत्रुओं का दमन करने वाले महाराज मुझसे पहले की तरह प्रसन्नतापूर्वक बोलते क्यों नहीं?"

"देवि, मैं तुम्हारे सामने ऐसी बात पूछ रहा हूँ, इसलिए तुम्हें क्रोध नहीं करना चाहिए। निश्चित रूप में वल्कल और जटा धारण करके मैं

वन को चला जाऊँगा। तुम प्रसन्न रहो।''

राजा मेरे हितैषी, गुरु और पिता हैं। इनकी आज्ञा होने पर ऐसा कौन सा कार्य है, जिसे मैं निःशंक होकर न कर सकूँ?

किंतु मेरे मन को एक ही दुःख जला रहा है कि स्वयं महाराज ने मुझसे भरत के अभिषेक की बात नहीं कही?

मैं केवल तुम्हारे कहने से ही अपने भाई भरत के लिए इस राज्य को, सीता को, प्यारे प्राणों को तथा सारी संपत्ति को भी प्रसन्नतावूर्पक स्वयं ही दे सकता हूँ।

फिर यदि स्वयं महाराज मेरे पिताजी आज्ञा दें और वह भी तुम्हारा प्रिय कार्य करने के लिए, तो मैं प्रतिज्ञा का पालन करते हुए उस कार्य को क्यों नहीं करूँगा?

तुम मेरी ओर से विश्वास दिलाकर महाराज को आश्वासन दो। महाराज पृथ्वी की ओर दृष्टि किए धीरे-धीरे आँसू क्यों बहा रहे हैं?

आज ही महाराज की आज्ञा से दूत शीघ्रगामी घोड़ों पर सवार होकर भरत को मामा के यहाँ से लिवाने के लिए चले जाएँ।

मैं अभी पिता की बात पर कोई विचार न करके चौदह वर्षों तक वन में रहने के लिए तुरंत दंडकारण्य की ओर चल देता हूँ।

देवि, मैं धन का उपासक होकर इस संसार में नहीं रहना चाहता। तुम विश्वास रखो! मैंने भी ऋषियों की भाँति निर्मल धर्म का आश्रय ले रखा है।

पूज्य पिताजी का जो भी कार्य मैं कर सकता हूँ, उसे प्राण देकर भी करूँगा। तुम उसे सर्वथा मेरे द्वारा हुआ ही समझो।

पिता की सेवा अथवा उनकी आज्ञा का पालन करना, ऐसा धर्म है, उससे बढ़कर संसार में दूसरा कोई धर्माचरण नहीं है।

(घ) दशरथ से अनुमति लेते समय अपने पिता से कहे गए शब्दों से राम की पिता के प्रति भावनाएँ स्पष्ट रूप से व्यक्त होती हैं। राम ने

यह समझा कि संभवत: दशरथ के मन में कहीं अपराध-बोध है। इसलिए उन्होंने साफ-साफ अपने मन की बात कही, ताकि दशरथ के मन में न तो अपराध-बोध की भावना उत्पन्न हो, न ही वे व्यथित हों।

उन्होंने अपने पिता को विश्वास दिलाया कि उन्हें राजसी जीवन की परवाह नहीं, उनके लिए पिता की आज्ञा का पालन करना ही परम धर्म है। दशरथ ने यह तर्क दिया कि कम-से-कम वे एक रात के लिए ठहर जाएँ, लेकिन श्रीरामजी तत्काल राजमहल, राजसी ठाठ-बाट सब कुछ छोड़ने पर दृढ़ रहे।

धर्मनिष्ठ श्रीराम ने दोनों हाथ जोड़कर अपने पिता को विनम्र होकर उत्तर दिया—

अयोध्या कांड (छंद-34) सर्ग 28,42-44

"महाराज! आप सहस्रों वर्षों तक इस पृथ्वी के अधिपति बने रहें। मैं तो अब वन में ही वास करूँगा। मुझे राज्य की सत्ता की कोई अभिलाषा नहीं है।"

"मेरा वन-गमन का निश्चय अब बदल नहीं सकता। वरदायक नरेश! आपने देवासुर-संग्राम में कैकेयी को वर देने की प्रतिज्ञा की थी, उसे आप पूरा करें और सत्यवादी बनें। मैं आपकी आज्ञा का पालन करता हुआ चौदह वर्षों तक वन में तपस्वी का जीवन बिताऊँगा। आप यह सारी पृथ्वी भरत को दे दें।"

सर्ग 47,48,49,50,52,57,58

"मुझे न तो इस राज्य की, न सुख की, न पृथ्वी की, न इन संपूर्ण भोगों की, न स्वर्ग की और न जीवन की ही इच्छा है।"

"पुरुष शिरोमणि! मेरे मन में केवल यही इच्छा है कि आप सत्यवादी बनें। आपका वचन मिथ्या न होने पावे। यह बात मैं आपके सामने सत्य

और शुभ कर्मों की सौगंध खाकर कहता हूँ।''

''तात! प्रभो! अब मैं यहाँ एक क्षण भी नहीं ठहर सकता। अतः आप इस शोक पर काबू पाएँ। मैं अपने निश्चय, इन शब्दों से पीछे नहीं हट सकता।''

'रघुनंदन!' कैकेयी ने मुझे आज्ञा दी थी कि वन को चले जाओ, मैंने वचन दिया था कि 'अवश्य जाऊँगा' उस सत्य का, धर्म का मुझे पालन करना है।

''तात! पिता देवताओं के भी देवता माने गए हैं, अतः मैं देवता समझकर ही आप की आज्ञा का पालन करूँगा।''

''पृथ्वी नाथ! निष्पाप महाराज! सत्पुरुषों द्वारा अनुमोदित आपकी आज्ञा का पालन करने में मेरा मन जैसा लगता है, वैसा बड़े-बड़े भोगों में तथा किसी प्रिय पदार्थ में भी नहीं लगता। अतः आपका मेरे लिए दुःखी होना निराधार है।''

''निष्पाप नरेश! आज आपको मिथ्यावादी बनाकर मैं अक्षय राज्य, सब प्रकार के भोग, वसुधा का आधिपत्य, मिथिलेश कुमारी सीता तथा अन्य किसी अभीष्ट पदार्थ को स्वीकार नहीं कर सकता। मेरी एक मात्र इच्छा यही है कि आपकी प्रतिज्ञा पूरी हो, सत्य हो।''

(ङ) वन में जब भरत उनसे मिले तथा अपने साथ अयोध्या लौट चलने के लिए भरसक प्रयास किया, अनुनय-विनय भी की तथा राजगद्दी सँभालने की प्रार्थना भी की, राम ने मना कर दिया। यहाँ तक कि वसिष्ठ मुनि ने भी समझाया, परंतु राम ने गुरु वसिष्ठ को स्पष्ट शब्दों में समझा दिया कि किसी व्यक्ति के माता-पिता किस प्रकार से गुरु से भी बढ़कर होते हैं। इसलिए उन्हें पिता को दिए वचन का पालन करना है।

इससे यह भी पता चलता है कि माता-पिता के प्रति कर्तव्यनिष्ठा गुरु या अध्यापक अथवा कॉरपोरेट जीवन में प्रबंधक से भी अधिक महत्त्वपूर्ण होती है। गुरु या बॉस किसी सीमित कोण से कुछ करने की

आशा करेगा, जबकि पिता की आज्ञा का पालन अधिक महान् तथा पावन होता है।

इसे इस प्रकार से स्पष्ट किया गया है—

अयोध्या कांड (छंद-109) सर्ग 9-10,11)

माता और पिता पुत्र के प्रति सर्वदा स्नेहपूर्ण व्यवहार करते हैं, अपनी शक्ति और सामर्थ्य के अनुसार उत्तम भोजन देकर कोमल बिछौने पर सुलाकर, उबटन आदि लगाकर सदा मधुर वाणी बोलकर तथा लालन-पालन करके माता-पिता ने जो उपकार किया है, उससे हम ऋणी नहीं हो सकते।

अत: मेरे जन्मदाता पिता महाराज दशरथ ने मुझे जो आज्ञा दी है, वह मिथ्या नहीं होगी।

राम और कौशल्या

(क) माँ और पुत्र के बीच संबंध, माँ अगले दिन पुत्र के राज्याभिषेक की सहर्ष तैयारियाँ कर रही है और अचानक उसे पता चलता है कि उसका पुत्र वनवास के लिए चौदह वर्ष तक उससे बिछुड़ रहा है। वह माँ इतनी दुखी है कि ऐसी घटना देखने की बजाय वह बाँझ रहना श्रेष्ठ समझ रही है। वह दशरथ से भी कुपित है तथा अपने स्थान से भी शंकित है और वह राम का वन गमन समझ नहीं पा रही। उसे इस घटना से गहरा आघात पहुँचा है।

इस विचार मात्र से ही उसका हृदय टूट गया कि अगले दिन से प्राणों से प्रिय राम उनके साथ नहीं होंगे। पटरानी होने पर भी उसे छोटी रानियों के कड़वे (Unpalatable)वचन सुनने पड़ेंगे। वे परेशान थीं, अत: झुँझला उठीं कि वे जीवित ही नहीं रहना चाहती हैं। उन्होंने राम

को अयोध्या न छोड़ने की आज्ञा दी, क्योंकि वह महसूस कर रही थीं कि माँ होने के नाते उसे यह आज्ञा देने का अधिकार है। वह मृत्युपर्यंत उपवास रखने की धमकी भी देती हैं। वह लक्ष्मण की राम को कही जा रही बातों का भी समर्थन करती हैं। राम ने उन्हें अनेक ऐसे उदाहरण दिए, जब पुत्रों ने पिता की आज्ञा का पालन करते हुए इससे भी अधिक कठोर कदम उठाए हैं।

इस संवाद को, माँ-पुत्र के संबंध को इस प्रकार से स्पष्ट किया गया है—

अयोध्या कांड (छंद-21) सर्ग 30,35,36,37

"माता! मैं तुम्हारे चरणों में सिर झुकाकर तुम्हें प्रसन्न करना चाहता हूँ। मुझमें पिता की आज्ञा का उल्लंघन करने की शक्ति नहीं है। अतः मैं

वन को ही जाना चाहता हूँ।''

''देवि! केवल मैं ही इस प्रकार पिता के आदेश का पालन नहीं कर रहा हूँ। जिनकी मैंने चर्चा की है, उन सब ने भी पिता की आज्ञा का पालन किया है।''

''माँ! मैं तुम्हारे प्रतिकूल जाकर कुछ नया नहीं कर रहा हूँ। पूर्वकाल में धर्म-परायण पुरुषों का भी यही अभीष्ट रहा। मैं तो उनके मार्ग का ही अनुसरण कर रहा हूँ।''

''इस भूमंडल पर जो सभी के लिए करने योग्य है, वही मैं भी करने जा रहा हूँ। इसके विपरीत कोई न करने योग्य काम नहीं कर रहा हूँ। पिता की आज्ञा का पालन करने वाला कोई भी पुरुष धर्म से भ्रष्ट या पथ भ्रष्ट नहीं होता।''

(ख) जब लक्ष्मण तथा माता कौशल्या ने उनसे बहस की तथा उन्हें वन न जाने के लिए राजी करने की कोशिश की, तब अपनी माँ कौशल्या को पिता की आज्ञा पालन करने का कर्तव्य बताया।

अयोध्या कांड (सर्ग 21) 41,42,43,44

संसार में धर्म ही श्रेष्ठ है, धर्म में ही सत्य की प्रतिष्ठा है। पिताजी का यह वचन भी धर्म आश्रित होने के कारण परम उत्तम है।

''वीर! धर्म का आश्रय लेकर रहने वाले पुरुष को पिता, माता अथवा ब्राह्मण के वचनों का पालन करने की प्रतिज्ञा करके फिर उसे झुठलाना नहीं चाहिए।''

''वीर! मैं इस कारण से पिताजी की आज्ञा का उल्लंघन नहीं कर सकता, क्योंकि पिताजी के कहने से ही कैकेयी ने मुझे वन जाने की आज्ञा दी है।''

इसीलिए केवल क्षत्रिय धर्म का अवलंबन करने वाली (शासन कर रहे राजा को मारकर भी शासन हथियाना) इस ओछी बुद्धि का

त्याग करो, धर्म का आश्रय लो, कोठरता छोड़ो और मेरे विचार के अनुसार चलो।

चूँकि राम अपनी माँ से बहुत ज्यादा प्यार करते थे, इसलिए वन-गमन से पूर्व वे उनके लिए बहुत चिंतित थे। उन्होंने पिता दशरथ से निवेदन किया कि वे उनकी माँ का खयाल रखें।

अयोध्या कांड (छंद-38) सर्ग 14,15-16,17

इसे इस प्रकार से बताया गया है—

"धर्मात्मन्! ये मेरी यशस्विनी माता कौशल्या अब वृद्ध हो चली हैं। इनका स्वभाव बहुत ही उदार है। देव! ये कभी आपकी निंदा नहीं करती हैं। इन्होंने पहले कभी ऐसा भारी संकट नहीं देखा होगा। वरदायक नरेश! ये मेरे न रहने से शोक सागर में डूब जाएँगी। अतः आप सदा इनका अधिक सम्मान करते रहें।"

आप पूज्यतम पति से सम्मानित हों, जिस प्रकार इस पुत्र शोक का अनुभव न कर सके उसी प्रकार मेरा चिंतन करती हुई भी आपके आश्रय में ही ये मेरी तपस्विनी माता जीवन धारण करें, ऐसा प्रयत्न आपको करना चाहिए।

"इंद्र के समान तेजस्वी महाराज! ये निरंतर अपने बिछुड़े हुए बेटे को देखने के लिए उत्सुक रहेंगी। कहीं ऐसा न हो, मेरे वनवास के दौरान ये शोक से कातर हो प्राणों का त्याग करके यमलोक चली जाएँ। अतः आप मेरी माता को सदा ऐसी ही परिस्थिति में रखें, जिससे उक्त आशंका के लिए अवकाश न रह जाए।"

राम और कैकेयी

कैकेयी के प्रति व्यवहार और आदर को देखने पर राम के औदात्य

का परिचय मिलता है। वे भलीभाँति जानते थे कि उनके भावी जीवन में इस नाटकीय परिवर्तन के लिए वही जिम्मेदार हैं। अगले दिन उनका राज्याभिषेक होने जा रहा था तथा कैकेयी ने उनके वन-गमन के लिए वरदान माँगा था, वह भी चौदह वर्ष के लिए। लेकिन उनके मन में कैकेयी के प्रति कोई दुर्भावना नहीं थी। राम ने कैकेयी का संदेह भी दूर कर दिया और जब कैकेयी ने भरत को तत्काल ननिहाल से लिवा लाने के लिए दूत भेज दिए, नहीं तो महाराज अन्न नहीं छुएँगे, तो राम ने कैकेयी से कहा कि योगी इन सभी पदार्थों की चिंता नहीं करते।

राम ने कैकेयी पर दोषारोपण की बजाय सब नियति पर छोड़ दिया। उन्होंने यह विचार व्यक्त किया कि जो कुछ भी हुआ, वह नियति के हाथों हुआ और कैकेयी तो मात्र माध्यम थी। यही नहीं, राम कैकेयी को लेकर इतने चिंतित थे कि वे चाहते थे कि वन गमन के बाद उनकी अच्छी देखभाल हो। उन्होंने तदनुसार लक्ष्मण को आज्ञा दी।

यह प्रसंग इस प्रकार से वर्णित किया गया है।

अयोध्या कांड (सर्ग 22) 6,7,8,12,13,14,15,16

"मेरे अभिषेक के कारण जिसके मन में संताप हो रहा है, ऐसा काम करो कि हमारी माता कैकेयी को किसी तरह की शंका न रह जाए।"

"सुमित्रा नंदन! उसके मन में संदेह के कारण दुःख उत्पन्न हो, मैं यह दो घड़ी के लिए भी नहीं सह सकता और न ही इसकी उपेक्षा कर सकता हूँ।"

"मैंने यहाँ कभी भी जाने-अनजाने माताओं का अथवा पिताजी के विरुद्ध किसी प्रकार का भी अपराध किया हो, ऐसा याद नहीं आता।"

"आप मेरे चले जाने से कृतकृत्य हुई राजकुमारी कैकेयी अपने पुत्र भरत का निर्भय और निश्चिंत होकर अभिषेक कराएँ।"

"मैं वल्कल और मृगचर्म धारण करके सिर पर जटाजूट बाँधे जब वन को चला जाऊँगा, तभी कैकेयी के मन को सुख प्राप्त होगा।"

"जिस विधाता ने कैकेयी को ऐसी बुद्धि प्रदान की है तथा जिसकी प्रेरणा से मंथरा के माध्यम से संपादित घटनाक्रम के अंतर्गत उसका मन मुझे वन भेजने में पर अडिग है। उसका मनोरथ विफल करके कष्ट देना मेरे लिए उचित नहीं है। वन गमन में किंचित् विलंब नहीं होना चाहिए।"

"सुमित्रा कुमार! मेरे इस प्रवास में तथा पिता द्वारा दिए हुए राज्य के फिर हाथ से निकल जाने में दैव को ही कारण समझना चाहिए।"

"मेरी समझ से कैकेयी का यह प्रतिकूल मनोभाव दैव का ही विधान है। यदि ऐसा न होता तो वह मुझे वन में भेजकर पीड़ा देने का विचार क्यों करती?"

अब इस वृत्तांत से आदर्श पुत्र की भूमिका सामने आती है। राम ने पिता की आज्ञा को पूरे मन से शिरोधार्य किया। यह पक्ष अत्यंत महत्त्वपूर्ण है, क्योंकि अधूरे मन से प्रतिबद्धता कभी भी पूरी नहीं होती। चाहे वैयक्तिक स्तर हो, सामाजिक हो या कॉरपोरेट जीवन हो।

जब माँ-बाप अपने बच्चों को कुछ करने के लिए कहते हैं, तब बच्चों द्वारा किए जाने वाले सवाल और तर्क; जिज्ञासा या उत्सुकता की दृष्टि से न्यायसंगत होते हैं। लेकिन खंडन तथा स्थगित करने की मनोवृत्ति से उनकी निष्ठा, विश्वास, माँ-बाप, संगठन, समाज और देश के प्रति प्रेम एवं स्नेह पर प्रश्नचिह्न लग जाता है।

सरकार द्वारा निर्मित एवं स्वयंसेवी संगठनों द्वारा चलाए जा रहे वृद्धाश्रम माँ-बाप के प्रति बच्चों की उपेक्षा उदासीनता का उदाहरण पेश करते हैं। पति-पत्नी दोनों कामकाजी हैं और उनके पास अपने बच्चों के लिए समय नहीं होता, तब हम अपनी पत्नी से यह आस कैसे लगा. सकते हैं कि वह सास-ससुर की देखभाल करे।

बच्चे भूल जाते हैं कि एक दिन वे भी बूढ़े हो जाएँगे। शायद वे

महसूस करते हैं, साथ ही पहले से ही मानसिक रूप से तैयार हो जाते हैं कि वे जीवन के अंतिम पड़ाव में वृद्धाश्रम में जिंदगी बिताएँगे। यहाँ तक कि यौवनावस्था में ही माँ-बाप के प्रति उपेक्षा, निरादर तथा निंदा उन पर प्रश्न-चिह्न लगा देती है। चरण-स्पर्श बड़ों के प्रति विनम्रता, आदर और सम्मान का चिह्न है। परंतु अब यह प्रदर्शन मात्र या प्रतीक ही बनकर रह गया है।

साक्षरता की बढ़ती दर, सूचना प्रौद्योगिकी तक सहज पहुँच इलेक्ट्रॉनिक सामान के प्रति जागरूकता, ये सब पक्ष विकास की पहचान बन गए हैं, लेकिन क्या यह विकास की प्रक्रिया भावनात्मक, वैयक्तिक एवं पारिवारिक स्तर का मोल चुकाकर होनी चाहिए? भौतिक लाभ आदर और सम्मान की जगह कदापि नहीं ले सकते। यदि ऐसा होता (जैसा कि अब हो रहा है।) तो सामाजिक ताना-बाना उधड़ने लग जाएगा तथा समस्याएँ बढ़ने लगेंगी। परिणामस्वरूप जीवन की प्रारंभिक अवस्था में ही उच्च रक्तचाप, हाइपर टेंशन तथा नर्वस ब्रेक डाउन जैसी बीमारियाँ घर कर लेती हैं। इसका अर्थ है कि भावनात्मक रूप से खाली होता मनुष्य आज मशीन बनता जा रहा है। "व्यावहारिक रूप से ऐसा मुमकिन नहीं है।" यह उक्ति पलायनवाद का तर्काधार बनती जा रही है।

इसलिए पुत्र रूप में राम को देखकर निम्नलिखित प्रश्न उत्पन्न होते हैं—

1. यदि हम वास्तव में राम को आदर्श पुत्र मानते हैं तथा इस दृष्टिकोण से उनका आदर करते हैं, वे हमारे पूज्य हैं तो केवल रामनवमी, दशहरा या ऐसे शुभ दिनों पर ही उनका यह रूप उजागर क्यों होता है?
2. राम को हम उनके विचारों और सिद्धांतों के द्वारा रोजाना नियम से स्मरण क्यों नहीं करते? हमने उनकी गरिमा, महिमा को

केवल रावण वध तक ही सीमित क्यों रखा है?

3. क्या हम अपनी उपस्थिति दर्ज कराने के लिए ऐसे समारोह आयोजित करते हैं तथा यह दरशाते हैं कि हम भी राम के अनुयायी हैं, ताकि कोई भी व्यक्ति हम पर उँगली न उठा सके। यह न कह सके कि हम नास्तिक हैं।
4. हम श्रीराम से प्रेम करते हैं या उनके कुपित होने से डरते हैं, इसीलिए रूढ़िबद्ध धार्मिक समारोह मनाना बेहतर समझते हैं?
5. क्या हम आडंबर युक्त समारोहों से बाहर आकर राम जैसा बनने का प्रयास नहीं कर सकते?
6. क्या मंदिर में जाकर शीश झुकाने तथा मिठाई बाँटने से राम के प्रति हमारा आदर एवं सम्मान का औचित्य सिद्ध हो जाता है?
7. क्या हम यथासंभव उन जैसे नहीं बन सकते? यदि हाँ, तो कौन रोकता है, यदि नहीं, तो इसके लिए कौन जिम्मेदार है—राम, रामायण या उनका दर्शन?

विभिन्न समारोहों में रामायण का सस्वर, लययुक्त वाचन ही परम लक्ष्य है? हम कब तक रामायण पाठ के समय लय पर झूमने तक सीमित रहेंगे। हम इससे आगे क्यों नहीं बढ़ पाते?

□

दूसरा रूप

भाई के रूप में श्रीराम

एक ही परिवार में दो भाइयों का प्रेम और स्नेह के साथ माँ-बाप द्वारा लालन-पालन होता है। उनके बीच में 'मेरा', 'तेरा', 'उसका' जैसा कुछ भी नहीं है। उनके संबंधों में ईर्ष्या, वैमनस्य या दुर्भावना लेशमात्र भी नहीं है। छोटा भाई बड़े भाई से प्यार करता है, उसका आदर करता है तथा बड़ा भाई उसकी रक्षा करता है, उसका खयाल रखता है। दोनों एक ही छत के नीचे कपड़ों से लेकर किताबों तक आपस में हर चीज बाँटते हुए जीवन बिताते हैं। जिन परिवारों में कम संसाधन होते हैं, वहाँ छोटे बच्चे बड़े भाइयों के पुराने कपड़े तक पहनते हैं तथा अनेक वस्तुएँ बड़ों से छोटे बच्चों तक पहुँचती हैं।

यह खुशहाल परिवार का चित्र है, ऐसा संयुक्त परिवार में हुआ करता था। सभी भाई शादी के बाद भी एक ही छत के नीचे माँ-बाप के साथ रहते थे। पत्नियों में भी परस्पर प्रेम और सम्मान होता था। बड़ी भाभी को छोटे अपनी माँ के समान समझते थे। यदि कोई छोटी-मोटी बात हो जाती, तो तत्काल सौहार्दपूर्ण ढंग से बड़े मनमुटाव दूर कर देते। कोई भी व्यक्ति बड़े भाई की आज्ञा का उल्लंघन करने की सोच भी नहीं सकता था। यहाँ तक कि बड़ों के सामने ऊँची आवाज में बात

करने की कल्पना भी नहीं की जा सकती थी।

एक-दूसरे के लिए त्याग को सर्वाधिक महत्त्व दिया जाता था। बड़े भाई भूखे रहकर भी आश्वस्त होंगे कि छोटे भाइयों का पेट भरा हुआ है। बड़ा भाई लगातार कड़ी मेहनत करके आश्वस्त होगा कि छोटे भाई समुचित शिक्षा ग्रहण कर रहे हैं। ऐसे अनेक उदाहरण मिलते हैं, जहाँ बड़ा भाई आजीवन त्याग करता रहेगा, खासतौर पर जब अल्पायु में पिता की मृत्यु हो जाती है तथा बड़े भाई का लक्ष्य होता है कि छोटे भाई-बहन जीवन में आगे बढ़ें। छोटा भाई सभी का प्रिय होता है, लेकिन उसे बड़े भाई को पिता तुल्य सम्मान देना होता है। वह बड़े भाई की इच्छा के विरुद्ध जाने का साहस नहीं कर सकता। यही भावना स्वत: पत्नी तक भी पहुँचती है।

हमें यह जानकर आश्चर्य होगा कि ऊपर चित्रित तस्वीर वास्तविकता है या कपोल-कल्पना। हम देखते हैं कि पाँचवें एवं छठे दशक के हिंदी चलचित्र में ऐसी ही विशेषताओं युक्त विशिष्ट मध्य या निम्न मध्य-वर्ग की गाथा चित्रित की जाती थी। इस तथ्य से इनकार नहीं किया जा सकता कि चलचित्र भारतीय समाज की सामाजिक एवं भावनात्मक प्रवृत्तियों का दर्पण हैं।

संयुक्त परिवार व्यवस्था बनी रहने तक ये प्रवृत्तियाँ विद्यमान रहीं। तथापि जब आर्थिक दबाव ने भाइयों को माता-पिता का घर छोड़ने तथा अपने परिवार और बच्चों के साथ अलग रहने के लिए मजबूर कर दिया, तब संबंधों में विकार आने लगे। देखभाल करने का स्तर भी गिरने लगा। एक-दूसरे के लिए हमेशा हाजिर हो जाने वाले भाइयों के पास अब महीनों, वर्षों तक मिलने का समय नहीं होता। आर्थिक दबाव से पैतृक संपत्ति के हक पर टकराव होने लगे तथा संबंधों में कटुता आने लगी। मामूली मुद्दे भी कलह की जड़ बनने लगे। हर कोई बराबर के हिस्से की माँग करने लगा और आरोपों का सफर शुरू होने लगा।

अन्याय और पक्षपात के उदाहरण ढूँढ़कर प्रकाश में लाए जाने लगे।

ऐसा हर परिवार में नहीं होता। लेकिन निश्चित रूप में अधिकतम परिवारों में ये हालात मौजूद हैं। अपने संबंध ही नहीं बिगड़ते, बल्कि बच्चे बरसों बाद ही मिलते हैं! परिणामस्वरूप चचेरे, ममेरे भाई-बहनों के बीच पहले सा प्यार बिल्कुल खत्म होता जा रहा है।

कभी-कभार समारोहों, कार्यक्रमों में मिलने से प्यार की भावना नहीं पनपती, क्योंकि वे अनजान लोगों की तरह मिलते हैं, जो अपने मोबाइल तथा फेसबुक पर मित्रों के साथ बातचीत में अधिक आराम महसूस करते हैं।

सामाजिक ताना-बाना मूलतः परिवार का व्यापक रूप है, जहाँ परस्पर आदर, भावनाओं तथा भावों को सुनना-समझना एवं सुख-दुःख का भागी होना जैसी मनोवृत्तियाँ पाई जाती हैं। तथापि कई बार परिवार की जगह सामाजिक संबंध अधिक मजबूत होते हैं। अब परिवारों के बीच सामाजिक ताना-बाना बिखरने लगा है। क्या हम बड़ी तादाद में परिवारों में यह नहीं देखते? संपत्ति को लेकर भाई आपस में झगड़ते हैं तथा कोर्ट-कचहरी में एक-दूसरे को घसीटते हैं। परिवारों में हत्या के भी मामले ज्यादा पाए जाते हैं। पैसे की लालसा से भाइयों के बीच कड़वाहट आने लगी तथा प्रेम, स्नेह, त्याग गुजरे जमाने की बात हो गई है।

राम के व्यक्तित्व का दूसरा रूप आदर्श भाई का है। जब कभी हम दो भाइयों के बीच गहरा प्रेम तथा स्नेह देखते हैं। एक-दूसरे पर जान छिड़कते देखते हैं, तो सामान्यतः उन्हें 'राम-लक्ष्मण' कहकर बुलाते हैं। भरत का उदाहरण बड़े भाई के प्रति आदर-सम्मान दरशाने के लिए विस्तार से दिया जाता है और हम जानते हैं कि किस प्रकार से राम ने भरत के लिए अयोध्या का राजपाट न्योछावर कर दिया और कैसे भरत ने राजा बनने से इनकार कर दिया तथा जब राम वनवास बिताकर लौटे,

तो भरत ने राम को अयोध्या का राज्य लौटा दिया। यहाँ तक कि अपने भाई शत्रुघ्न के प्रति भी, राम ने पिता और संरक्षक की भूमिका निभाई। अयोध्या पर राजय करने के बाद ही राम ने उन्हें लवणासुर को हराने की जिम्मेदारी सौंपी। आइए, यह पता लगाने की कोशिश करें कि रामायण में भाई के रूप में रामजी के बारे में क्या लिखा गया है—

राम और लक्ष्मण

राम और लक्ष्मण के बीच घनिष्ठ एवं बहुआयामी संबंध थे। लक्ष्मण के प्रति राम की भावनाएँ बड़े भाई के रूप में ही नहीं थीं, बल्कि वे लक्ष्मण के साथ पुत्र जैसा व्यवहार करते थे। रामायण में ऐसे अनेक दृष्टांत मिलते हैं, जहाँ राम ने लक्ष्मण के क्रोध को शांत किया तथा सहिष्णुता और समुचित मार्गदर्शन के कारण लक्ष्मण ने सही मार्ग का अनुसरण किया। राम ने उनके साथ मित्र जैसा व्यवहार किया और सीता के अपहरण के बाद उनके सामने अपनी भावनाएँ व्यक्त कीं। जब युद्ध में लक्ष्मण गंभीर रूप से जख्मी हो गए थे, तब उनके प्रति राम की चिंता विशेष रूप से उभरकर आई। इसी प्रकार से लक्ष्मण भी राम को अपना दार्शनिक और मार्गदर्शक मानते थे। राम और लक्ष्मण के बीच प्रेम और स्नेह जन्म से ही नैसर्गिक था। जैसा कि रामायण में भी दरशाया गया है। लक्ष्मण राम से गहन रूप से जुड़े थे तथा राम हर प्रकार से बराबर उन्हें प्रसन्न रखते थे। इसका वर्णन इस प्रकार किया गया है—

बालकांड (छंद-28) सर्ग 28-31

भाग्य की वृद्धि करने वाले उनके लिए जो उनका संरक्षण चाहते थे, लक्ष्मण बाल्यावस्था से ही श्रीरामचंद्रजी के प्रति अत्यंत अनुराग रखते थे। वे अपने बड़े भाई लोकाभिराम श्रीराम को सदा ही खुश रखते

थे और शरीर से भी उनकी सेवा में जुटे रहते थे।

वे लक्ष्मण को अनुगृहीत करते। शोभासंपन्न लक्ष्मण श्रीराम के लिए उनके शरीर से अलग दूसरे प्राण की भाँति थे। उनके बिना श्रीराम (पुरुष शिरोमणि) पलक भी नहीं झपकाते थे और स्वादिष्ट पकवान भी उनके बिना ग्रहण नहीं करते थे।

जब श्रीराम रघु के यशस्वी वंशज घोड़े पर सवार होकर शिकार खेलने जाते, तो लक्ष्मण धनुष लेकर उनकी रक्षा करते हुए पीछे–पीछे जाते थे।

जब लक्ष्मण को राम के वन–गमन की पूरी बात का पता चला, तो वह क्रुद्ध हो उठे और उन्होंने राम के वन–गमन का हर प्रकार से विरोध किया। उन्होंने दशरथ के निर्णय की आलोचना की तथा स्पष्ट रूप में उन्हें धर्म विरुद्ध, कामदेव के वशीभूत वृद्ध घोषित कर दिया, जो विषयों के वश में है।

उन्होंने राम को सलाह दी कि वे प्रशासन की बागडोर अपने हाथ में लें तथा यह घोषणा कर दी कि जो कोई भरत के समर्थन में आएगा, वह मृत्यु को प्राप्त होगा। उन्होंने दशरथ को बंदी बनाने तथा राम के प्रति अपनी पूर्णनिष्ठा की भी घोषणा कर दी। क्रोधित लक्ष्मण अपने पिता का वध करने के लिए तैयार हो गए।

राम लक्ष्मण की भावनाओं को समझते थे और जानते थे कि लक्ष्मण का क्रोध केवल उनके प्रति स्नेह, प्रेम और आदर के कारण है। फिर भी बड़े भाई होने के नाते, राम ने लक्ष्मण को धर्म के बारे में समझाया, इसे इस प्रकार से वर्णित किया गया है—

अयोध्याकांड (छंद–21) सर्ग 56,57,58,59

लक्ष्मण मैं जानता हूँ कि तुम सदा ही मेरे प्रति निष्ठा रखते हो और तुम महान् पराक्रमी हो, यह भी मुझसे छिपा नहीं है, तथापि तुम मेरे

अभिप्राय की ओर ध्यान न देकर माताजी के साथ स्वयं भी मुझे पीड़ा दे रहे हो। इस जीव-जगत् में पूर्वकृत धर्म के फल की प्राप्ति के अवसरों पर जो धर्म, अर्थ और काम तीनों देखे गए हैं, वे सब-के-सब जहाँ धर्म है, वहाँ अवश्य प्राप्त होते हैं, इसमें संशय नहीं है। ठीक उसी तरह, जैसे भार्या धर्म, अर्थ और काम तीनों की साधन होती है। वह पति के वशीभूत या अनुकूल रहकर अतिथि सत्कार, आदि धर्म के पालन में सहायक होती है। प्रेयसी रूप में काम का साधन बनती है और पुत्रवती होकर उत्तम लोक की प्राप्ति के रूप में अर्थ की साधिका होती है।

जिस कर्म में धर्म आदि सब पुरुषार्थों का समावेश न हो, उसे नहीं करना चाहिए। जिससे धर्म की सिद्धि हो, वही कार्य करना चाहिए। जो केवल अर्थ परायण हो, वह लोक में सभी के द्वेष का पात्र बन जाता है तथा धर्म विरुद्ध काम में अत्यंत आसक्ति प्रशंसा नहीं, निंदा का विषय होती है।

जिसके आचरण में क्रूरता नहीं है, वह ऐसा कौन पुरुष होगा, जो पिता की आज्ञा के पालन स्वरूप धर्म का आचरण नहीं करेगा। महाराज हमारे गुरु, राजा और पिता होने के साथ-साथ माननीय पुरुष हैं। वे क्रोध से, हर्ष से अथवा काम से प्रेरित होकर भी यदि किसी कार्य के लिए आज्ञा दें तो हमें धर्म समझकर उसका पालन करना चाहिए।

रामजी लक्ष्मण के क्रोधी स्वभाव से भली-भाँति अवगत थे। उन्होंने राम को सलाह दी कि वे भरत से सतर्क हो जाएँ। राम ने उन्हें क्रोध पर काबू रखने के लिए समझाया। उन्होंने मन पर संयम रखा, क्योंकि वे जानते थे कि लक्ष्मण मूलतः इस कारण क्रोध में हैं, क्योंकि वे उनके प्रति अगाध प्रेम और स्नेह रखते हैं।

अयोध्या कांड (छंद-22) सर्ग 3-4, 5, 6, 7, 8, 9

लक्ष्मण! केवल धैर्य का आश्रय लेकर अपने क्रोध और शोक को

दूर करो, चित्त से अपमान की भावना निकाल दो और हृदय में भली-भाँति हर्ष भरकर मेरे अभिषेक के लिए एकत्र उत्तम सामग्री शीघ्र हटा दो और ऐसा कार्य करो, जिससे मेरे वन-गमन में बाधा न आए।

सुमित्रानंदन! अब तक अभिषेक के लिए सामग्री जुटाने में जो तुम्हारा उत्साह था, वही इसे हटाने और मेरे वन जाने की तैयारी में भी होना चाहिए।

मेरे अभिषेक के कारण माँ के चित्त में संताप हो रहा है वही काम करो, जिससे हमारी माता कैकेयी को किसी तरह की शंका न रह जाए।

लक्ष्मण! उसके मन में संदेह के कारण दुःख उत्पन्न हो, इस बात को मैं दो घड़ी के लिए भी नहीं सह सकता और न इसकी उपेक्षा ही कर सकता हूँ।

मैंने यदि कभी जान-बूझकर या अनजान में माताओं अथवा पिताजी के प्रति कोई छोटा सा भी अपराध किया हो, ऐसा याद नहीं आता।

पिताजी सदा सत्यवादी और सत्यपराक्रमी रहे हैं। वे परलोक के भय से सदा डरते रहते हैं, इसलिए मुझे वही काम करना चाहिए, जिससे मेरे पिताजी का पारलौकिक भय दूर हो जाए।

रामायण में ऐसे कुछ उदाहरण मिलते हैं, जहाँ लक्ष्मण ने सच्चे मित्र की भूमिका निभाई। जब कभी श्रीराम उदास या निराश होते, लक्ष्मण उन्हें सांत्वना देते तथा उन्हें प्रोत्साहित करते और सकारात्मक साथी के रूप में पेश आते। रावण द्वारा सीता के अपहरण के बाद श्रीराम दुख और क्रोध में डूबे हुए थे। वे पर्वतों, फूलों, पेड़ों, पशुओं तथा समूचे विश्व और देवी-देवताओं के प्रति निराशा एवं क्रोध व्यक्त कर रहे थे। उन्होंने हताश होकर गुस्से में समूची पृथ्वी का नाश करने की धमकी दे डाली। इस समय लक्ष्मण ने उन्हें ढाढ़स दिलाया। दो भाइयों के बीच संबंध सच्ची मित्रता का उत्कृष्ट उदाहरण है, क्योंकि वे एक-दूसरे को समझकर सराहना ही नहीं करते थे, बल्कि परस्पर भावनाओं की कद्र भी करते

थे। इसके उदाहरण इस प्रकार हैं—

अरण्य कांड (छंद-66) सर्ग 4,5

"आप सदैव ही कोमल स्वभाव से युक्त जितेंद्रिय और समस्त प्राणियों के हित में तत्पर रहे हैं। अब क्रोध के वशीभूत होकर अपनी प्रकृति का परित्याग न करें।"

"चंद्रमा में शोभा, सूर्य में प्रभा, वायु में गति और पृथ्वी में क्षमा जैसे नित्य विराजमान रहती है, उसी प्रकार आप में सदा यश प्रकाशित होता है।"

(छंद-66) सर्ग 5,6,7,15,16,17

"ककुत्स्थ कुलभूषण! यदि अपने ऊपर आए इस दुःख को आप ही धैर्यपूर्वक नहीं सहेंगे, तो दूसरा कौन साधारण पुरुष सह सकेगा, जिसकी शक्ति बहुत थोड़ी होती है।"

"नरश्रेष्ठ! आप धैर्य धारण करें। संसार में किस प्राणी पर आपत्ति नहीं आती। राजन आपत्तियाँ अग्नि की भाँति एक क्षण में स्पर्श करती हैं और दूसरे क्षण में दूर हो जाती हैं।"

"पुरुष सिंह! यदि आप दुखी होकर अपने तेज से समस्त लोकों को दग्ध कर डालेंगे, तो पीड़ित प्रजा किसकी शरण में जाकर सुख और शांति ,पाएगी।"

"श्रीराम! आप जैसे सर्वज्ञ पुरुष बड़ी-से-बड़ी विपत्ति आने पर भी विचलित नहीं होते, वे निर्वेद रहित हो अपनी विचार-शक्ति को नष्ट नहीं होने देते।"

"नरश्रेष्ठ! आप बुद्धि के द्वारा तात्त्विक विचार करें—क्या करना चाहिए और क्या नहीं, क्या उचित है क्या अनुचित, इसका निश्चय करें, क्योंकि बुद्धिमान महाज्ञानी पुरुष ही शुभ और अशुभ को भलीभँति जानते हैं।"

"जिनके गुण-दोष देखे या जाने नहीं गए हैं तथा जो अध्रुव हैं—फल देकर नष्ट हो जाने वाले हैं, ऐसे कर्मों का शुभाशुभ फल उन्हें आचरण में लाए बिना प्राप्त नहीं होता।"

वनवास के दौरान ऋतुएँ बदलीं, लेकिन सीता की कोई खबर नहीं मिली। राम की व्यथा बढ़ती जा रही है। पुनः लक्ष्मण ने मित्र की भूमिका निभाते हुए उन्हें इस प्रकार से ढाढ़स बँधाया।

किष्किंधा कांड (छंद-28) सर्ग 34,35,36,37,38,39,40

"वीर! इस प्रकार व्यथित होने से कोई लाभ नहीं होगा। अतः आपको शोक नहीं करना चाहिए, क्योंकि शोकाकुल पुरुष के सभी मनोरथ नष्ट हो जाते हैं। यह बात आपसे छिपी नहीं है।"

"रघुनंदन! आप जगत् में कर्मठ वीर तथा देवताओं का समादर करने वाले आस्तिक धर्मात्मा और उद्योगी हैं।"

"यदि आप शोकवश उद्यम छोड़ बैठते हैं तो पराक्रम के स्थान स्वरूप समरांगण में कुटिल कर्म करने वाले उस शत्रु का, जो विशेषतः राक्षस है, वध करने में समर्थ नहीं हो पाएँगे। अतः आप अपने शोक को जड़ से उखाड़ फेंक दें और उद्यम पर विचार करें। तभी आप परिवार सहित उस राक्षस का विनाश कर सकते हैं।"

"काकुत्स्थ! आप तो समुद्र, वन और पर्वतों सहित समूची पृथ्वी को भी उलट सकते हैं, फिर उस रावण का संहार करना आपके लिए कौन सी बड़ी बात है?"

"यह वर्षा काल आ गया है, अब शरद ऋतु की प्रतीक्षा करें! फिर राज्य और सेना सहित रावण का वध करें।"

"जैसे राख में छिपी आग को हवन काल में आहुतियों द्वारा प्रज्वलित किया जाता है, उसी प्रकार मैं आपके सोए हुए पराक्रम को जगा रहा हूँ, भूले हुए बल-विक्रम की याद दिला रहा हूँ।"

जब लक्ष्मण ऋषि वाल्मीकि के पास सीता को छोड़ने के बाद लौटते हैं, तो उन्होंने सौम्य भाव से स्नेह की अभिव्यक्ति की। राम अयोध्या के राजा थे तथा लक्ष्मण अपनी स्थिति और भूमिका के बारे में भली-भाँति जानते थे। फिर भी वे मानसिक संताप को समझते थे, जो राम को भीतर से उत्पीड़ित कर रहा था। साथ ही उन्होंने अपने क्रोध पर काफी संयम रखा; लक्ष्मण के हृदयोद्गार इस प्रकार थे—

उत्तरकांड (छंद-52) सर्ग 10,11-12,13,15,16

"पुरुष सिंह! आप शोक न करें। काल की ऐसी ही गति है। आप जैसे बुद्धिमान् और मनस्वी मनुष्य शोक नहीं करते हैं।"

"संसार में जितने भी संचय हैं, उसका अंत विनाश है, उत्थान का अंत पतन है, संयोग का अंत वियोग है और जीवन का अंत मरण है।"

"अतः स्त्री, पुत्र, मित्र और धन में विशेष आसक्ति नहीं करनी चाहिए, क्योंकि उनसे वियोग होना निश्चित है। काकुस्थ कुलभूषण! आप आत्मा से आत्मा को मन से मन को तथा संपूर्ण लोकों को भी संयत रखने में समर्थ हैं, फिर अपने शोक को काबू में रखना आपके लिए कौन सी बड़ी बात है?"

"आप जैसे श्रेष्ठ पुरुष इस तरह के प्रसंग आने पर मोहित नहीं होते। रघुनंदन! यदि आप दुखी रहेंगे तो आप भी सामान्य पुरुषों की श्रेणी में आ जाएँगे।"

"नरेश्वर! जिस लोक मर्यादा के कारण, लोकलाज के भय से आपने सीता का त्याग किया है, निःसंदेह इस नगर में फिर यह अफवाह फैलने लगेगी, चर्चाएँ होने लगेंगी कि स्त्री का त्याग करके ये उसी की चिंता में दुखी रहते हैं।"

"अतः पुरुष सिंह! आप धैर्य से चित्त को एकाग्र करके इस दुर्बल एवं शोकग्रस्त बुद्धि का त्याग करें संतप्त न हों।"

राम और भरत

हम सभी राम के प्रति भरत के प्यार, स्नेह, आदर और सम्मान से परिचित हैं। जब राम को पता चला कि भरत अयोध्यावासियों के साथ उन्हें लौटाने के लिए वन की ओर आ रहे हैं तो वे भरत के लिए चिंतित हो उठे। राम के मन में कोई दुर्भावना, ईर्ष्या या वैमनस्य भाव नहीं था। परंतु उन्होंने अयोध्या लौटने के लिए मना कर दिया तथा लोगों से कहा कि वे सब भरत का ध्यान रखें।

अयोध्या कांड (छंद-45) सर्ग 6,7,8,9,10

अयोध्यावासियों का मेरे प्रति प्रेम और आदर है, वह भरत के प्रति और अधिक होना चाहिए। उनका चरित्र सुंदर और सर्व कल्याणकारी है। कैकेयी के आनंदवर्धक भरत आप लोगों का यथावत् कल्याण करेंगे एवं अनुकूल रहेंगे।

वे आयु में अभी छोटे हैं, परंतु ज्ञान में बड़े हैं। पराक्रमोचित गुणों से संपन्न होने पर भी स्वभाव से कोमल हैं। वे आप लोगों के लिए योग्य राजा होंगे और प्रजा के भय का निवारण करेंगे।

वे मुझसे भी अधिक राजोचित गुणों से युक्त हैं, इसीलिए महाराज ने उन्हें युवराज बनाने का निश्चय किया है, अत: आप लोगों को अपने स्वामी भरत की आज्ञा का सदा पालन करना चाहिए।

मेरे वन में चले जाने पर आप अपने राजा के साथ ऐसा व्यवहार करें, जिससे उन्हें कष्ट न पहुँचे।

लक्ष्मण ने जब भरत को सेना और अयोध्यावासियों के साथ आते देखा, तो उन्हें भरत की मंशा पर शंका होने लगी। वे तत्काल इस निर्णय पर पहुँच गए कि भरत वन में उन लोगों पर आक्रमण करने के लिए सेना सहित आ रहे हैं। जब सुमंत को वापस भेज दिया तथा राम, लक्ष्मण और सीता अकेले थे, तब राम ने कैकेयी के प्रति अपनी भावना (पहली बार)

व्यक्त की। राम ने अनुभव किया कि कैकेयी जो चाहती थीं, वह हो गया, लेकिन अब वे महाराज दशरथ के लिए चिंतित हैं। वे अब वृद्ध हो चुके हैं तथा राम से विछोह के कारण दुखी हैं।

राम भयभीत थे कि कैकेयी माँ कौशल्या और सुमित्रा को भी तंग करती होंगी, क्योंकि वे लक्ष्मण और राम की माँ हैं। निस्संदेह, दोनों को दुखी करने के लिए वह अनुचित तरीके भी अपनाती होंगी, यहाँ तक कि दोनों को विष भी दे सकती हैं। उन्होंने लक्ष्मण से अनुरोध किया कि वह अयोध्या जाकर दोनों माताओं और पिताजी की सेवा शुश्रुषा करें तथा राम-सीता के साथ वन में ही रहेंगे।

अब, माता पिता की चिंता या भावुक होकर लक्ष्मण को लौटने के लिए राजी करने का प्रयास स्पष्ट नहीं है। लेकिन इस प्रसंग से दोनों भाइयों के बीच स्नेह का स्तर तथा परस्पर भावनाएँ अभिव्यक्त करने की विशिष्टता उजागर होती है।

लक्ष्मण ने राम को शांत किया तथा बताया कि उनके लिए माता-पिता की देखभाल की तुलना में उन दोनों के साथ रहना जरूरी है, इससे भाइयों के बीच अगाध प्रेम, निष्ठा तथा स्नेहभाव व्यक्त होता है। राम का शांत स्वरूप तथा स्पष्ट विचारधारा को देखते हुए सभी प्रकार की शंकाएँ दूर हो जाती हैं। इससे उनके मन में अपने भाइयों के प्रति स्नेह तथा कल्याण की भावनाएँ परिलक्षित होती हैं। वे अपने भाई लक्ष्मण से अपने मन की बात करते हैं तथा अपने भाइयों के प्रति, विशेष तौर पर भरत के प्रति स्नेह की इन शब्दों में अभिव्यक्ति करते हैं—

अयोध्या कांड (छंद-97) सर्ग 3,4,5,6,8,15,16,17

"लक्ष्मण! पिता के सत्य की रक्षा के लिए प्रतिज्ञा करके यदि मैं युद्ध में भरत को मारकर उनका राज्य छीन लूँ, तो संसार में मेरी कितनी निंदा होगी, फिर मैं उस कलंकित राज्य को लेकर क्या करूँगा?"

"अपने बंधु-बांधवों या मित्रों का विनाश करके जिस धन की प्राप्ति हो, वह तो विषैले भोजन के समान सर्वथा त्याग देने योग्य है, उसे मैं कदापि ग्रहण नहीं करूँगा।"

"लक्ष्मण!' मैं तुमसे प्रतिज्ञापूर्वक कहता हूँ कि धर्म, अर्थ, काम और पृथ्वी का राज्य भी मैं तुम्हीं लोगों के लिए चाहता हूँ।"

'सुमित्रा कुमार! मैं भाइयों के सुख के लिए ही राज्य की भी इच्छा करता हूँ और इस बात की सच्चाई के लिए मैं अपना धनुष छूकर शपथ खाता हूँ।"

"मानद! भरत को तुमको और शत्रुघ्न को छोड़कर यदि मुझे कोई सुख मिलता हो, तो उसे अग्निदेव जलाकर भस्म कर डालें।"

"भरत के आने पर तुम उनसे कोई कटु या अप्रिय वचन न कहना। यदि तुमने उनसे कोई प्रतिकूल बात की, तो वह मेरे प्रति कही गई समझी जाएगी।"

"सुमित्रानंदन! कितनी ही बड़ी आपत्ति क्यों न आ जाए, पुत्र अपने पिता को कैसे मार सकता है अथवा भाई अपने प्राणों के समान प्रिय भाई की हत्या कैसे कर सकता है?"

"यदि तुम राज्य के लिए ऐसी कठोर बात कहते हो, तो भरत से मिलने पर उन्हें कह दूँगा कि तुम यह राज्य लक्ष्मण को दे दो।"

भरत राम से बार-बार विनय करते हैं कि वे राज्य स्वीकार कर लें। लेकिन राम को यह प्रस्ताव क्षुद्र एवं निस्सार लगता है। भरत को समझाते हुए श्रीराम ने नैतिकता का पाठ पढ़ाया।

अयोध्या कांड (छंद-101) सर्ग 16,17,18,19

"उत्तम कुल में उत्पन्न, सत्त्वगुण संपन्न, तेजस्वी और श्रेष्ठव्रतों का पालन करने वाला मेरे जैसा मनुष्य राज्य के लिए पिता की आज्ञा के उल्लंघन का पाप कैसे कर सकता है?"

''शत्रुसूदन! मैं तुम्हारे अंदर थोड़ा सा भी दोष नहीं देखता। अज्ञानवश, तुम्हें अपनी माता की निंदा नहीं करनी चाहिए।''

''निष्पाप महाराज प्राज्ञ! गुरुजनों का अपनी अभीष्ट स्त्रियों और प्रियपुत्रों पर सदापूर्णाधिकार होता है, अत: वे उन्हें चाहे जैसी भी आज्ञा दे सकते हैं।''

''सौम्य! माताओं सहित हम भी इस लोक में श्रेष्ठ पुरुषों द्वारा महाराज के स्त्री-पुरुष और शिष्य कहे गए हैं, अत: हमें भी उनको सब तरह की आज्ञा देने का अधिकार था। इस बात को तुम भी समझ लो।''

ऊपर वर्णित भाइयों के बीच संबंध में प्रेम, आदर और त्याग की अधिकता है। वास्तव में 'त्याग' शब्द उस समय गौण हो जाता है, जब कोई व्यक्ति प्रत्येक वस्तु, सुख छोड़ने के लिए उद्यत हो जाता है। यहाँ 'छोड़ना' केवल दूसरों या जनसाधारण की सोच होती है, लेकिन भाइयों में ऐसा कुछ नहीं होता। भौतिक सुख छोड़ना तुच्छ-असार है तथा राम और भरत के संदर्भ में तो यह बहुत ही ओछी स्थिति है। इसके बजाय हम देखते हैं कि दोनों एक-दूसरे को त्याग की दृष्टि से मात देते हैं।

क्या आज भी ऐसा हो रहा है? वर्तमान समाज इसके प्रतिकूल चल रहा है। भाइयों के बीच बराबर बँटवारे के लिए संपत्ति के विवाद चलते हैं, जिसपर किसी भी भाई का नैतिक अधिकार नहीं है, वही झगड़े का कारण बन जाता है, उन भाइयों के बीच ही नहीं, बल्कि परिवारों के बीच भी कलह उत्पन्न हो जाती है। 'स्व' भाव 'स्वार्थ' में बदल जाता है तथा इससे संबंधों में कटुता आने लगती है। 'मेरा' शब्द की परिभाषा संकीर्ण हो जाती है। जो भाई कभी जान से प्यारा होता है, वही सबसे बड़ा शत्रु बन जाता है। अपनी पत्नी तथा बच्चे अधिक प्रिय हो जाते हैं, जबकि पुत्र के पहले रूप में यह स्थिति वस्तुत: कल्पना मात्र थी।

क्या हमें राम के इस रूप से कोई प्रेरणा नहीं मिल सकती? क्या हम इस दिशा में नहीं सोच सकते?

□

तीसरा रूप

पति रूप में श्रीराम

विभिन्न पृष्ठभूमि में पले-बढ़े, दो व्यक्ति, जिनकी रुचियाँ, शौक तथा विचार-धाराएँ अलग होती हैं, वे सामाजिक, धार्मिक, आध्यात्मिक रूप में पति-पत्नी के बंधन में बँधते हैं। विवाह से पूर्व, उनके माता-पिता, भाई-बहन ही उनके लिए सबसे ज्यादा प्रिय होते हैं। लेकिन शादी के बाद धीरे-धीरे जीवन-पटल पर वे धुंधले पड़ने लगते हैं। अब इस पृथ्वी पर पति-पत्नी सबसे ज्यादा प्रिय, घनिष्ठ तथा विश्वासपात्र हो जाते हैं। यह परिवर्तन कैसे होता है? क्या इसके पीछे केवल दैहिक आकर्षण होता है या कोई अन्य कारक होता है?

विवाह समझौता हो सकता है, परंतु हिंदू धर्म के दृष्टिकोण से समझौते की बजाय यह आत्मिक या आध्यात्मिक संबंध है। यह प्रथा है, संस्था है, क्योंकि दो व्यक्तियों का विवाह नहीं होता बल्कि दो परिवार, दो खानदान, समान विचारधारा के दो समुदाय, प्रतिष्ठा तथा जीवन-शैली परस्पर जुड़ती हैं। हिंदू समाज में पति-पत्नी का संबंध 'जन्म-जन्म का साथ' माना जाता है। इसीलिए कहा जाता है कि जोड़ियाँ स्वर्ग में बनती हैं। यदि किसी का विवाह नहीं होता या माता-पिता को अपने बच्चों के लिए योग्य जीवनसाथी नहीं मिलता, तो आमतौर पर उन्हें

यही सुनने को मिलता है। ''यह तो संजोग की बात है।'' अब ''संजोग क्या है?'' आज की उच्च प्रौद्योगिकी से जुड़ी पीढ़ी भी 'संजोग' की बात करती है।

हिंदू समाज में प्रत्येक विवाह समारोह 'रामायण पाठ' से आरंभ होता है तथा राम-सीता के विवाह का प्रसंग विशेष तौर पर शुभ माना जाता है। प्रत्येक हिंदू विवाह में 'जयमाला' प्रमुख समारोह है तथा वर-वधू को 'राम' और 'सीता' का प्रतीक माना जाता है।

कुछ समय से हमें बहुत ही शोचनीय प्रवृत्ति देखने को मिलने लगी है। शुरू में दंपती खुशहाल जिंदगी बिताते हैं, लेकिन दुर्भाग्यवश यह माहौल ज्यादा देर तक नहीं रहता। इसके कई कारण होते हैं। व्यक्तित्व, अहं का टकराव, अलग-अलग रुचियाँ तथा अरुचियाँ परिवार और समाज के दबाव से 'संबंधों' में खटास आने लगती है। पति-पत्नी दोनों ही कमाते हैं, परंतु उन्हें चुनौतियों का सामना करना पड़ता है, क्योंकि दोनों के पास अपने लिए तथा एक-दूसरे के लिए भी समय नहीं होता। न ही वे बच्चों के लिए समय निकाल पाते हैं। इन सबका वैवाहिक जीवन पर प्रभाव पड़ने लगता है। परिणामतः दोनों बहस करते-करते लड़ने-झगड़ने लगते हैं तथा वे चिड़चिड़े होने लगते हैं। परस्पर ध्यान रखने की बजाय वे छोटी-छोटी बातों पर एक-दूसरे में दोष निकालने लगते हैं। विवाहित जीवन का आनंद गायब होने लगता है। बच्चे उपेक्षित होने लगते हैं। कभी-कभी रिश्तों में खटास अंत में संबंध-विच्छेद का रूप ले लेता है।

इसका बच्चों के विकास और मनोवृत्ति पर दुष्प्रभाव पड़ता है। ये हताश, आहत और विद्रोही स्वभाव को लेकर विकसित होते हैं, जो व्यवस्था के आलोचक बन जाते हैं, बड़ों का निरादर करते हैं तथा भावना की दृष्टि से शून्य होते हैं। इस वजह से समाज में क्रूर अपराधों में बढ़ोतरी दिखाई देती है। आज हम देख रहे हैं कि बच्चे भी घोर अपराध कर रहे हैं, जिसके

फलस्वरूप यह आवश्यक हो गया है कि जघन्य अपराधों को किशोरावस्था के कम करने की माँग की दृष्टि से किशोर न्यायालयों की स्थापना की जाए। परिवार में निरंतर कलह-क्लेश से अनवरत प्रतिक्रियाएँ होने लगती हैं, जो एक पीढ़ी से अन्य पीढ़ी तक फैलतीं हैं, अंततः व्यापक स्तर पर समाज पर प्रभाव डालती हैं।

अपनी पत्नी की अश्लील मूवी बनाने, पत्नी की हत्या करने, पत्नी द्वारा प्रेमी से मिलकर पति की हत्या का षड्यंत्र रचने जैसे उदाहरण दिनोदिन बढ़ते जा रहे हैं। यह सब क्या हो रहा है? कुछ दशक पहले परिवार के अंदर के विवादों को घर की चारदीवारी में बड़े-बुजुर्गों द्वारा सुलझा लिया जाता था। आज सामंजस्य बिठाने जैसा शब्द अपमान का सूचक माना जाता है, जैसे कि इससे एक जीवनसाथी की हैसियत कम हो जाती है। आध्यात्मिक, आत्मिक, पावन तथा शाश्वत संबंधों का क्या? हमें किस दिशा में देखना है? क्या हम राम और सीता के बीच संबंधों को अपना आदर्श मान सकते हैं? आइए, पति रूप में राम के बारे में जानने का प्रयास किया जाए।

राम का प्रेम—राम वनवास की कठिनाइयों से भली-भाँति परिचित थे, क्योंकि अध्ययन के प्रारंभिक वर्षों में वे अपने जीवन का काफी हिस्सा वनों में बिता चुके थे। इसीलिए सीता के प्रति उनका प्रेम खुलकर सामने आता है। क्योंकि उन्होंने सीताजी को वन-जीवन की कठिनाइयाँ समझाईं, जिनका वन में सामना करना पड़ सकता है। वे नहीं चाहते थे कि सीता उनके साथ जाएँ, क्योंकि उन्हें उनकी चिंता थी तथा वे यह भी जानते थे कि उनका बड़े चाव से लालन-पालन हुआ था और वे जनक की दुलारी रही हैं। उन्होंने सीता को इस प्रकार से समझाया—

अयोध्या कांड (छंद-28)

सर्ग 7,9,10,11,12,15,16,17,

18,19,20,21,22,23,24 तथा 25

पर्वतों से गिरने वाले झरनों का नाद सुनकर पर्वतों की कंदराओं में रहने वाले सिंह दहाड़ने लगते हैं। उनकी गर्जना सुनना अच्छा नहीं लगता, इसीलिए वन कष्टों से भरा, दुरूह होता है।

- वन की नदियों में ग्राह निवास करते हैं, उनमें कीचड़ इतना अधिक होता है कि नदी पार करना अत्यंत कठिन हो जाता है। इसके अलावा वन में मतवाले हाथी घूमते रहते हैं। इन सभी कारणों से वन दुखदायक होता है।
- वन के मार्ग लताओं और काँटों से भरे रहते हैं। वहाँ जंगली मुरगे बोला करते है, उन मार्गों पर चलना दुष्कर होता है। वहाँ आस-पास जल नहीं होता। इससे वन में दुख-ही-दुख मिलता है।
- दिनभर के परिश्रम से थके माँदे मनुष्य को रात में जमीन के ऊपर गिरे हुए सूख पत्तों के बिछौने पर सोना पड़ता है, अतः वन कष्टों से भरा हुआ है।
- सीते! वहाँ मन को वश में रखकर वृक्षों से स्वतः गिरे हुए, फलों के आहार पर ही दिन-रात संतोष करना पड़ता है, अतः वन दुःख देने वाला है।
- वनवासी को प्रतिदिन नियम से तीनों समय स्नान करना होता है। इसलिए वन बहुत ही कष्ट देने वाला है।
- सीते! वहाँ स्वयं चुनकर लाए फूलों से वेदों के अनुसार वेदी पर देवताओं की पूजा करनी पड़ती है। इसलिए वन को कष्टदायी कहा जाता है।
- मिथिलेश कुमारी जानकी! वनवासियों को जब जैसा आहार मिल जाए, उसी से संतुष्ट होना पड़ता है। अतः वन दुख का अन्य रूप है।
- वन में प्रचंड आँधी, घोर अंधकार, प्रतिदिन भूख का कष्ट तथा

और भी बड़े-बड़े भय सहने पड़ते हैं, अतः वन अत्यंत कष्टप्रद है।

- भामिनी! वहाँ अनेक पहाड़ी सर्प दर्पवश बीच रास्ते में विचरते रहते हैं। ये अनेक रूप वाले होते हैं, अतः वनवास अत्यंत कष्टदायी है।
- नदियों में निवास करते और नदियों के समान कुटिल गति से चलते बहुसंख्यक सर्प वन में रास्ते को घेरकर पड़े रहते हैं।
- अबले! पतंगे, बिच्छू, कीड़े, डांस और मच्छर सदा कष्ट पहुँचाते रहते हैं, अतः वन दुख का अन्य रूप ही है।

भामिनी! वन में काँटेदार वृक्ष, कुश और कास होती हैं, जिनकी शाखाओं के अगले सिरे सब ओर फैले होते हैं। इसलिए वन विशेष कष्टदायक है।

वन में निवास करनेवाले मनुष्य को अनेक शारीरिक कष्ट और नाना प्रकार के भय का सामना करना पड़ता है। अतः वन सदा दुख का रूप ही होता है।

वहाँ क्रोध और लोभ का त्याग करना पड़ता है, तपस्या में मन लगाना होता है। भय होने पर निडर रहने की आवश्यकता होती है। अतः वन में दुख-ही-दुख है। इसलिए तुम्हारा वन में जाना ठीक नहीं है। वहाँ जाकर तुम सकुशल नहीं रह सकतीं। मैं बहुत सोच-विचारकर यह कहता हूँ कि वनवास अनेक दोषों का कारण है, इसलिए अत्यंत कष्टदायक है।

सीता का प्रेम—यह सीता का प्रेम ही है, जिसके वशीभूत होकर वह राम की भर्त्सना करती हैं। वस्तुतः हँसी उड़ाते हुए पूछती हैं कि राम पुरुष हैं या पुरुष के भेष में स्त्री हैं, जो अपनी पत्नी को साथ नहीं ले जा रहे। उन्होंने यहाँ तक धमकी दे डाली कि यदि राम उन्हें साथ नहीं ले जाएँगे, तो वह उसी दिन जहर खा लेंगी। उन्होंने अपनी भावनाएँ इस प्रकार व्यक्त कीं—

अयोध्या कांड (छंद-29) सर्ग 5, 17-18

श्रीराम! मुझे गुरुजनों की आज्ञा से निश्चय ही आपके साथ चलना है, आपकी अर्धांगिनी होने के नाते; क्योंकि मैं आपके बिना नहीं रह सकती, आपका वियोग हो जाने पर मैं इस संसार में अपने जीवन का परित्याग कर दूँगी।

आपके अनुगमन से परलोक में भी मेरा कल्याण होगा और सदा आपके साथ मेरा संयोग बना रहेगा। इस विषय में यशस्वी ब्राह्मणों के मुख से एक पवित्र श्रुति सुनी जाती है, जो इस प्रकार है—

'महाबली वीर! इस लोक में पिता आदि के द्वारा जो कन्या जिस पुरुष को अपने धर्म अनुसार जल से संकल्प करके दे दी जाती है, वह मरने के बाद परलोक में भी उसी की स्त्री होती है।'

(छंद-30) सर्ग 3,4,5,14,19,20

श्रीराम! क्या मेरे पिता मिथिला नरेश विदेहराज जनक ने आपको जामाता रूप में पाकर कभी यह सोचा भी था कि आप केवल शरीर से ही पुरष हैं, कार्यकलाप से तो स्त्री ही हैं।

नाथ! आपको मुझे छोड़कर चले जाने पर संसार के लोग अज्ञानवश यदि कहने लगें कि सूर्य के समान चमकने वाले श्रीरामचंद्र में तेज और पराक्रम का अभाव है, तो उनकी यह असत्य धारणा मेरे लिए कितने दुख की बात होगी?

आप क्या सोचकर विषाद में पड़े हुए हैं अथवा किससे आपको भय हो रहा है, जिसके कारण आप अपनी पत्नी सीता का, जो एकमात्र आप पर ही आश्रित है, परित्याग करना चाहते हैं।

जब वन के भीतर रहूँगी, तब आपके साथ घास पर भी सो लूँगी। रंग-बिरंगे कालीन और मुलायम बिछौनों से युक्त पलंगों पर क्या उससे

अधिक सुख हो सकता है?

मुझे वनवास के कष्ट से कोई घबराहट नहीं है। यदि इस दशा में भी आप अपने साथ मुझे वन में नहीं ले चलेंगे, तो मैं आज ही विष पी लूँगी, परंतु शत्रुओं के अधीन होकर नहीं रहूँगी।

नाथ! यदि आप मुझे त्यागकर वन चले जाएँगे तो पीछे भी इस भारी दु:ख के कारण मेरा जीवित रहना संभव नहीं है। ऐसी दशा में मैं इसी समय आपके रहते हुए ही प्राण त्याग देना श्रेष्ठ समझती हूँ।

राम की आसक्ति—राम भी बराबर चिंतित थे और सीता के लिए उनका मन प्रेम और स्नेह से सराबोर था। अंततः वे उन्हें अपने साथ ले जाने के लिए राजी हो गए। उन्होंने महसूस किया कि वे उनके बिना वन में शांति से जीवन नहीं बिता पाएँगे। उन्होंने अपनी भावनाएँ इस प्रकार अभिव्यक्त कीं—

अयोध्या कांड (छंद-30) सर्ग 27,28,29,42,43

देवि! तुम्हें दुखी देखकर मुझे स्वर्ग का सुख मिलता हो तो मैं उसे भी लेना नहीं चाहूँगा। भगवान नारायण के समान मुझे अन्य किसी प्रकार का भी भय नहीं है।

शुभानने! यद्यपि वन में तुम्हारी रक्षा करने के लिए मैं सर्वथा समर्थ हूँ, तो भी तुम्हारे अभिप्राय को पूर्ण रूप से जाने बिना तुम्हें वनवासिनी बनाना मैं उचित नहीं समझता था।

मिथिलेश कुमारी! जब तुम मेरे साथ वन में रहने के लिए ही उत्पन्न हुई हो तो मैं तुम्हें छोड़ नहीं सकता, ठीक उसी तरह जैसे आत्मज्ञानी पुरुष अपनी स्वाभाविक करुणा (दया) का त्याग नहीं करते।

नहीं, अब मैं पूर्वकाल में (वन में रहने वाले) गुणी जनों द्वारा वास्तव में अपनाये गए नौतिक नियमों का पालन करूँगा। कोमलांगी, मेरा अनुसरण करो, (यहाँ तक कि) जैसे सुवर्चा (उपनाम साम्जना,

सूर्य देव की पत्नी) सूर्य के पीछे चलती है।

सुश्रेणि! अब तुम वनवास के योग्य दान आदि कर्म प्रारंभ करो। सीते! इस समय तुम्हारे इस प्रकार दृढ निश्चय कर लेने पर तुम्हारे बिना स्वर्ग भी मुझे अच्छा नहीं लगता है।

ब्राह्मणों को रत्न स्वरूप उत्तम वस्तुएँ दान करो और भोजन माँगने वाले भिक्षुकों को भोजन दो। शीघ्रता करो, विलंब नहीं होना चाहिए।

राम की व्यथा—राम का गहन प्रेम उस समय प्रतिबिंबित होता है, जब रावण ने सीता का अपहरण किया था और पंचवटी में लौटने पर राम को सीता नहीं मिली थी। इसकी इस प्रकार से अभिव्यक्ति हुई है—

अरण्यकांड (सर्ग 58)3,4,5,6,7,9

मैं राज्य से वंचित और दीन होकर दंडकारण्य में चक्कर लगा रहा हूँ। इस दुःख में जो मेरी सहायिका हुई, सुंदर अंगों वाली राजकुमारी कहाँ है?

वीर! जिसके बिना मैं दो घड़ी भी जीवित नहीं रह सकता तथा जो मेरे प्राणों की सहचरी है, वह देव-कन्या समान सुंदरी सीता इस समय कहाँ है?

लक्ष्मण! तपाए हुए सोने के समान कांतियुक्त जनकनंदिनी सीता के बिना मैं पृथ्वी का राज्य और देवताओं का आधिपत्य भी नहीं चाहता।

वीर! जो मुझे प्राणों से भी बढ़कर प्रिय है, वह विदेह राजकुमारी सीता क्या अब जीवित होगी? मेरा वन में आना सीता को खो देने के कारण व्यर्थ तो नहीं हो जाएगा।

सुमित्रानंदन! क्या (विदेह राजकुमारी) जो मुझे प्राणों से अधिक प्रिय है, जीवित है? मुझे आशा है कि (14 साल का वनवास) अधूरा

नहीं रहेगा (सीता के विरह के में 14 वर्ष की अवधि समाप्ति से पहले ही यदि मैं प्राण त्याग दूँ।) सीता से वियोग हो जाने के कारण जब मैं मर जाऊँगा और तुम अकेले ही अयोध्या लौटोगे, उस समय क्या माता कैकेयी सफल मनोरथ एवं सुखी होंगी?

लक्ष्मण! यदि विदेहनंदिनी सीता जीवित होंगी, तभी मैं फिर आश्रम में पैर रखूँगा। यदि सदाचार-परायणा मैथिली जीवित नहीं होगी, तो मैं भी प्राणों का परित्याग कर दूँगा।

राम द्वारा सीता का त्याग—राम की बुद्धिमत्ता तथा सीता के प्रति उनकी समग्र अभिवृत्ति पर प्रश्नचिह्न लग जाता है, जिसकी दो अवसरों पर अभिव्यक्ति हुई है। पहला रावण-वध के बाद सीता की अग्नि-परीक्षा तथा दूसरा जब जन-साधारण की भद्दी टिप्पणी सुनकर राम ने सीता को जंगलों में छोड़ने का निर्णय लिया।

लेकिन वन में सीता को भेजने का कठोर निर्णय लेने से पहले उन्होंने इस मुद्दे पर विचार-विमर्श के लिए तीनों भाइयों को बुलाया तथा यह बताया कि किस प्रकार से सीता ने रावण विजय के पश्चात् अपने सतीत्व की परीक्षा के लिए अग्नि-परीक्षा दी थी। इसके बावजूद लोग उनके हृदय को ठेस पहुँचा रहे हैं। यह परनिंदा कितनी कटु थी कि सभी नागरिकों और देशवासियों के बीच आनन-फानन में फैल गई। राम ने अपनी भावनाएँ इस प्रकार व्यक्त कीं—

उत्तरकांड

(छंद-45) सर्ग

3,7,8,9,10,11,12,13,14,15,16,17,18,19

इस समय पुरवासियों और जनपद के लोगों में सीता के संबंध में अपवाद फैला हुआ है। मेरे प्रति भी उनका घृणापूर्ण भाव है। उन सबकी यह घृणा मेरे मर्मस्थल को विदीर्ण कर देती है।

सुमित्रा कुमार! उस समय अपनी पवित्रता का विश्वास दिलाने के लिए सीता ने तुम्हारे सामने अग्नि में प्रवेश किया था और देवताओं के समक्ष स्वयं अग्निदेव ने उन्हें निर्दोष बताया था। नभचर वायु, चंद्रमा और सूर्य ने भी पहले देवताओं तथा समस्त ऋषियों के समीप जनकनंदिनी को निष्पाप घोषित किया था।

इस प्रकार विशुद्ध आचरण वाली सीता को देवताओं और गंधर्वों के समीप साक्षात् देवराज इंद्र ने लंका द्वीप के अंदर मेरे हाथ में सौंपा था।

मेरी अंतरात्मा भी यशस्विनी सीता को शुद्ध समझती है, इसीलिए मैं इस विदेहनंदिनी को साथ लेकर अयोध्या आया था।

परंतु अब यह अफवाह फैलने लगी है। पुरवासियों और जनपद के लोगों में मेरी निंदा हो रही है। इसके लिए मेरा हृदय शोक-संतप्त है।

जिस किसी भी प्राणी की अपकीर्ति इस लोक में सबकी चर्चा का विषय बन जाती है, वह अधम लोकों में गिर जाता है और जब तक उसके अपयश की चर्चा होती है, तब तक वह वहीं पड़ा रहता है।

देवगण दोनों लोकों में अपकीर्ति की निंदा तथा कीर्ति की प्रशंसा करते हैं। समस्त श्रेष्ठ महात्माओं का सारा शुभ आयोजन उत्तम कीर्ति की स्थापना के लिए ही होता है।

नरश्रेष्ठ बंधुओ! मैं लोकनिंदा के भय से अपने प्राणों को और तुम लोगों का भी त्याग कर सकता हूँ। फिर सीता का त्याग कौन सी बड़ी बात है?

अतः तुम लोग मेरी ओर देखो। मैं शोक के समुद्र में गिर गया हूँ। इससे बढ़कर कभी कोई दुःख मुझे उठाना पड़ा हो, इसका मुझे याद नहीं है।

अतः सुमित्रा कुमार! कल सुबह तुम सारथी सुमंत के द्वारा संचालित

रथ पर आरूढ़ हो सीता को भी उसी पर चढ़ाकर इस राज्य की सीमा के बाहर छोड़ दो।

गंगा के उस पार तमसा के तट पर महात्मा वाल्मीकि मुनि का का दिव्य आश्रम है। रघुनंदन! उस आश्रम के निकट निर्जन वन में तुम सीता को छोड़कर शीघ्र लौट जाओ। सुमित्रानंदन! मेरी इस आज्ञा का पालन करो! सीता के विषय में मुझसे किसी तरह कोई दूसरी बात तुम्हें नहीं करनी चाहिए।

परंतु यह भी सत्य है कि सीता के अलावा अन्य कोई स्त्री राम के जीवन में नहीं आई। अश्वमेध यज्ञ के दौरान जनकनंदिनी सीता की स्वर्ण-मूर्ति विधिवत् रखी गई।

उस समय राजाओं की अनेक पत्नियाँ होना आम बात थी। स्वयं दशरथ की तीन पत्नियाँ थीं। फिर भी राम एक पत्नी के प्रति एकनिष्ठ रहे, वह भी मन और आत्मा से समर्पित रहे। उनके लिए दैहिक अलगाव या वियोग मार्मिक था, परंतु आत्मा और भावना की दृष्टि से वे सदा सीता के ही रहे। उन्होंने एकाकी जीवन व्यतीत किया।

सीता का राम को संदेश—सीता भी स्थिति को भलीभाँति समझतीं थीं। उन्होंने लक्ष्मण के हाथों राम को तब संदेश भिजवाया, जब वे उन्हें वाल्मीकि के आश्रम में छोड़कर गए थे।

यह संदेश इस प्रकार है—

उत्तरकांड (सर्ग 48) 15,16,17,18

लक्ष्मण! तुम महाराज से कहना कि आप धर्मपूर्वक सावधानी से रहकर पुरवासियों के साथ वैसा ही बरताव करें, जैसा आप अपने भाइयों के साथ करते हैं। यही आपका परम धर्म है और इसी से आपको परम उत्तम यश की प्राप्ति हो सकती है।

राजन्! पुरवासियों के प्रति धर्मानुकूल आचरण करने से जो पुण्य

प्राप्त होगा, वही आपके लिए उत्तम धर्म और कीर्ति है। पुरुषोत्तम! मुझे अपने शरीर की कोई चिंता नहीं है।

रघुनंदन! जैसे आपके लिए लोगों में फैली अफवाह को दूर करना था (पत्नी के भी कुछ कर्तव्य है) स्त्री के लिए पति ही देवता है, पति ही बंधु है तथा पति ही गुरु है। इसलिए उसे प्राणों की बाजी लगाकर भी विशेष रूप से पति के अनुकूल कार्य करना चाहिए।

इसलिए पत्नी को अपने प्राणों की कीमत पर भी पति को संतुष्ट करना चाहिए। मेरी ओर से सारी बातें तुम श्री रघुनाथजी से कहना और आज तुम भी मुझे देख जाओ! मैं इस समय ऋतुकाल का उल्लंघन करके गर्भवती हो चुकी हूँ।

पति के रूप में राम के बारे में चित्रित होता है कि उनका प्रेम 'आध्यात्मिक' था। यह प्रेमभाव दैहिक सीमा से परे है। जब वह अपनी प्रजा के प्रति कर्तव्य को अपना धर्म समझते हैं तब दैहिक सान्निध्य का महत्त्व गौण हो जाता है। वे प्रजा के प्रति अपने कर्तव्य को धर्म समझते थे। जितना अधिक वियोग होगा, पति और पत्नी के बीच प्रेम उतना ही प्रगाढ़ होगा। क्या यह प्रत्येक व्यक्ति के लिए सही नहीं है? क्या हमने अपने जीवन में नहीं देखा कि जिस क्षण पति-पत्नी एक-दूसरे से बिछुड़ते हैं, वे एक-दूसरे से मिलने के लिए लालायित रहते हैं और महान् कवियों ने इस विषय पर न जाने कितने काव्य और कविताएँ रच डाली हैं, बल्कि कालिदास भी इसी विषय पर 'मेघदूत' की रचना करके प्रख्यात हुए।

शारीरिक तौर पर दूर होने का अर्थ भावना के स्तर पर उदासीन होना नहीं है। पति और पत्नी के बीच प्रेम की परिभाषा में परस्पर समझ-बूझ, एक-दूसरे का सम्मान तथा आदर की भावनाएँ शामिल हैं। लेकिन आज यह सब कहाँ है? आर्थिक आत्म-निर्भरता का अर्थ यह

नहीं कि एक साथ रहने वाले मनुष्य भावना के स्तर पर शून्य हों और वे मिल-जुलकर रहने तथा समझौता करने की कोशिश करते रहते हों। पति-पत्नी के बीच प्रेम, स्नेह, आदर-सम्मान की तुलना में इन शब्दों का बहुत कम महत्त्व रह जाता है। क्या हम राम के इस रूप से कुछ सीख सकते हैं? यदि हाँ, तो वैवाहिक झगड़ों, आत्महत्या, दहेज-मृत्यु आदि जैसे मामलों की संख्या अपने आप कम हो जाएगी। समाज शांत, आनंदमय और खुशहाल होगा।

□

चौथा रूप

योद्धा के रूप में श्रीराम

पहले के युग में योद्धा मुख्यत: विशिष्ट जाति या वर्ण से संबंधित होते थे। जबकि कुछ समाजों में युद्ध केंद्रबिंदु होता था और समूची आबादी में (मुख्यत: पुरुष) योद्धा पाए जाते थे। आधुनिक काल से पूर्व अनेक राज्यों में युद्ध के लिए जातियाँ, संपदा या सामाजिक समूह समर्पित होते थे। इनमें क्षत्रिय शामिल थे। क्षत्रिय शब्द 'क्षात्र' से व्युत्पन्न हुआ है, जिसका निहितार्थ लौकिक सत्ता एवं शक्ति दोनों है। यह संकल्पना युद्ध में विजयी नायक के आधार पर कम आधारित थी, जो ऐसे भू क्षेत्र पर प्रभुसत्ता का दावा करने की अमूर्त शक्ति पर आधारित है, जिससे आगे चलकर राजा या राज्य करने का विचार पनपा।

आदर्श योद्धा एवं राजकुमार राम के बारे में तय था कि वे अयोध्या के राजा होंगे, इसलिए उन्हें बचपन से ही इसके अनुरूप शिक्षा-दीक्षा दी गई; ताकि वे अपने पिता के कदमों का अनुसरण कर सकें। फिर भी उनकी शिक्षा विशेष थी, क्योंकि उन्हें आध्यात्मिक तथा युद्धकला की शिक्षा दी गई थी। अन्य शब्दों में सैन्य प्रशिक्षण के साथ-साथ युवराज के नैतिक एवं चारित्रिक विकास पर भी बराबर ध्यान दिया

गया, जिसके परिणामस्वरूप नैतिक दृष्टि से भी राम आदर्श नायक बने तथा ऐसे योद्धा बने, जिनके जीवन का लक्ष्य राक्षसों का नाश करना था। उन्होंने लोक कल्याण के लिए अर्जित अपनी विद्या का सदुपयोग किया तथा वैयक्तिक लाभ हेतु इसके उपयोग की लालसा पर संयम रखा। उन्होंने शक्ति, संपदा या ख्याति पाने के लिए सैन्य प्रशिक्षण नहीं लिया, बल्कि इस विश्व में रचनात्मक कार्य करने के लिए स्वयं को सशक्त बनाया।

राम मुख्यत: अपने धनुष-बाणों का उपयोग करते थे, लेकिन आवश्यकता पड़ने पर सभी प्रकार के प्रक्षेपास्त्रों अर्थात् मिसाइल का भी इस्तेमाल करते थे। राम बुद्धिमान वीर शासक थे, जो लक्ष्य-प्राप्ति के लिए आक्रामक सैन्य तकनीकों का इस्तेमाल करते थे। रामायण में उनकी छवि वीर राजा के रूप में चित्रित की गई है, जिन्होंने शक्ति का उच्च स्तर हासिल कर लिया था। पूर्ण वीर राजा राम शक्तिशाली, करुणामय शासक हैं, जो अन्याय के विरुद्ध संघर्ष करते हैं तथा महिलाओं सहित प्रत्येक व्यक्ति के साथ आदरभाव रखते हुए व्यवहार करते थे।

राम ने विशेष तौर पर वनवास के दौरान अनेक राक्षसों के साथ संघर्ष किया। ताड़का, खर, दूषण, मारीचि, सुबाहु जैसे राक्षस-राक्षसी शक्तिशाली एवं भयावह थे। लेकिन राम तो सभी युद्ध-कौशलों में पारंगत थे, उन्हें उच्च श्रेणी के विनाशक शस्त्रों के उपयोग का भी ज्ञान था और राम ने लक्ष्मण के साथ मिलकर उन सबका नाश कर दिया। वे अपनी सैन्य-शक्ति के साथ-साथ रावण और उसके भाइयों, पुत्रों और अन्य राक्षसों की सैन्य-शक्ति से भी भली-भाँति परिचित थे। जब इंद्रजित् और रावण ने लक्ष्मण के साथ-साथ उन्हें भी घायल कर दिया था, तो उन्हें आघात भी सहने पड़े थे। फिर भी युद्धक्षेत्र में उनके द्वारा दरशाई गई वीरता प्रदर्शित शौर्य से उनकी सेवा का मनोबल तथा उत्साह

बढ़ा था उनके द्वारा प्रदर्शित युद्ध-कौशल की सराहना की गई। योद्धा के रूप में राम ने अपने कौशल के बल पर रावण पर विजय पाई तथा लंकापति का विनाश हुआ।

आगे चलकर अयोध्या पर शासन करते समय राम ने किसी भी राजा के साथ युद्ध नहीं किया, भले ही परवर्ती काल में उन्होंने लवणासुर को जीतने के लिए शत्रुघ्न को भेजा।

राम एक योद्धा—सर्वप्रथम ऋषि विश्वामित्र ने राम की योद्धा के रूप में प्रतिभा को स्वीकार किया। वे राजा दशरथ के दरबार में राम को अपने आश्रम की रक्षा के लिए जाने की अनुमति माँगने आए थे। ऋषि विश्वामित्र का मुख्य लक्ष्य राक्षसों और असुरों के संहार में राम की सहायता लेना था। ये असुर बार-बार उन्हें तंग करते थे। मारीचि और सुबाहु सबसे ज्यादा कुख्यात थे, जिनके पास अत्यधिक शक्ति ही नहीं, बल्कि वे शस्त्रों के इस्तेमाल में भी प्रशिक्षित थे। इसलिए विश्वामित्र ने दशरथ से उनका वचन पूरा करने के लिए अनुरोध किया।

बालकांड (छंद-19) सर्ग 8-11,12-13

नृपश्रेष्ठ! आप अपने काक पच्छधारी, सत्यपराक्रमी, शूरवीर ज्येष्ठ पुत्र श्रीराम को मुझे दे दें। ये मुझसे सुरक्षित रहकर अपने दिव्य तेज से उन राक्षसों का नाश करने में समर्थ हैं। मैं इन्हें अनेक प्रकार का श्रेय प्रदान करूँगा, इसमें संशय नहीं है। उस श्रेय को पाकर ये तीनों लोकों में विख्यात होंगे। श्रीराम के सामने आकर वे दोनों राक्षस किसी तरह ठहर नहीं सकते।

रघुनंदन के सिवा दूसरा कोई पुरुष उन राक्षसों को मारने का साहस नहीं कर सकता। नृपश्रेष्ठ! अपने बल का अहंकार रखनेवाले वे दोनों पापी निशाचर कालपाश के अधीन हो गए हैं, अतः श्रीराम के

सामने ये टिक नहीं सकते।

आप पुत्र विषयक स्नेह को सामने न लाइए।

दशरथ प्रारंभ में राम को विश्वामित्र के साथ नहीं भेजना चाहते थे। लेकिन जब वसिष्ठ मुनि ने उन्हें उचित ढंग से समझाया तो वे राम और लक्ष्मण को भेजने के लिए राजी हो गए। वे सहमत हो गए कि उनके पुत्र विभिन्न अस्त्र-शस्त्रों को चलाने की विधि तथा युद्धकला में पारंगत हो जाएँगे, क्योंकि विश्वामित्र विभिन्न मिसाइलों का इस्तेमाल ही नहीं जानते थे, बल्कि वे नए प्रक्षेपास्त्रों का विकास भी कर सकते थे। विश्वामित्र योद्धा रूप में दोनों राजकुमारों की क्षमताओं को जानते थे तथा उन्होंने आश्रम में पहुँचते ही दोनों को विभिन्न प्रकार के प्रक्षेपास्त्रों के इस्तेमाल का प्रशिक्षण देना आरंभ कर दिया। उनकी पहली परीक्षा की घड़ी बहुत जल्दी आ गई तथा श्रीराम ने यक्षिणी ताड़का को मार गिराया। शुरू में श्रीराम उसे मारने में अनिच्छुक थे। उन्होंने विश्वामित्र से इस बारे में प्रश्न पूछा।

बालकांड (छंद-25) सर्ग 2

'मुनिश्रेष्ठ! जब वह यक्षिणी (ताड़का) है, अबला है, तब तो उसकी शक्ति थोड़ी ही होनी चाहिए, फिर वह एक हजार हाथियों का बल कैसे धारण करती है?'

विश्वामित्र ने ताड़का का अतीत तथा ताड़का की आसुरी माया शक्ति रूप बदलने एवं बल-वृद्धि के बारे में विस्तार से बताकर राम की जिज्ञासा शांत की। उन्होंने राम को समझाया कि ताड़का समस्याएँ खड़ी करती है तथा शांति भंग करती है, अत: इस यक्षिणी का वध करने से ब्राह्मणों और आश्रमवासियों का समग्र कल्याण होगा।

अब इससे ऐसे योद्धा का गुण प्रतिबिंबित होता है, जो झोंक में

अंधाधुंध संहार नहीं करता बल्कि वध करने के पीछे भी कोई-न-कोई उद्देश्य रखता है। राम के चरित्र में नारी के प्रति कोमलता एवं आदरभाव झलकता है। तथापि जब ताड़का के वास्तविक स्वरूप का पता चलता है, तब वे तत्काल उसका वध करने के लिए राजी हो जाते हैं।

बालकांड (छंद-25) सर्ग 15,16,17,18,19,22

रघुनंदन! तुम गौ और ब्राह्मणों का हित करने के लिए दुष्ट पराक्रमवाली इस परम भयंकर दुराचारिणी यक्षिणी का वध कर डालो।

रघुकूल को आनंदित करने वाले वीर! इस शाप ग्रस्त ताड़का को मारने के लिए तीनों लोकों में तुम्हारे सिवा अन्य कोई पुरुष समर्थ नहीं है।

नरश्रेष्ठ! तुम स्त्री हत्या का विचार करके इसके प्रति दया न दिखाना। राजपुत्र को चारों वर्णों के हित के लिए स्त्री-हत्या भी करनी पड़े, तो उससे मुँह नहीं मोड़ना चाहिए। प्रजापालक नरेश को प्रजाजनों की रक्षा के लिए क्रूरतापूर्ण या क्रूरता रहित पातकयुक्त अथवा सदोष कर्म भी करना पड़े तो कर लेना चाहिए। यह बात उसे सदा ही ध्यान में रखनी चाहिए।

जिनके ऊपर राज्य के पालन का भार है, उनका तो यह सनातन धर्म है। काकुत्स्थ कुलनंदन! ताड़का महापापिनी है। उसमें धर्म लेशमात्र भी नहीं है, अतः उसे मार डालो।

इन्होंने तथा अन्य अनेक महामनस्वी पुरुष प्रवर राजकुमारों ने पाप चारिणी स्त्रियों का वध किया है। नरेश्वर, अतः तुम भी मेरी आज्ञा से दया अथवा घृणा को त्यागकर इस राक्षसी को मार डालो।

राम का सैन्य प्रशिक्षण—जब विश्वामित्र ने राम की क्षमता देखी तो उन्होंने ताड़का का वध कर दिया, तब विश्वामित्र ने राम को विभिन्न

प्रकार के प्रक्षेपास्त्रों का प्रशिक्षण देना प्रारंभ कर दिया। उन्होंने ऐसे मंत्रों की पूर्ण शृंखला की जानकारी दी, जिनसे प्रक्षेपास्त्रों का आह्वान किया जा सकता है। तब उन्होंने श्रीराम और लक्ष्मण को ये विशिष्ट अस्त्र सौंपे। जिन्हें देवता भी पूरी तरह से स्मरण नहीं रख सकते।

बालकांड

(छंद-27) सर्ग 2,3,4,5,6,7,8,9,10,11, 12,13,14,15,16,17,18,19,20,21

महायशस्वी राजकुमार! तुम्हारा कल्याण हो। ताड़का वध के कारण मैं तुम पर संतुष्ट हूँ, अतः प्रसन्न होकर तुम्हें सब प्रकार के अस्त्र दे रहा हूँ। इनके प्रभाव से तुम अपने शत्रुओं को चाहे वे देवता, असुर, गंधर्व अथवा नाग ही क्यों न हों, रणभूमि में बलपूर्वक अपने अधीन करके उन पर विजय पा जाओगे।

रघुनंदन! तुम्हारा कल्याण हो। आज मैं तुम्हें वे सभी दिव्यास्त्र दे रहा हूँ। वीर, मैं तुमको दिव्य एवं महान् दंडचक्र, धर्मचक्र, कालचक्र, विष्णुचक्र तथा अत्यंत भयंकर ऐंद्रचक्र दूँगा। नरश्रेष्ठ राघव! मैं तुम्हें इंद्र का वज्रास्त्र, शिव का श्रेष्ठ त्रिशूल तथा ब्रह्माजी का ब्रह्मास्त्र नामक अस्त्र भी दूँगा। महाबाहो! साथ ही मैं तुम्हें ऐषीकास्त्र, जिसको बनाने का माध्यम घास का सरकंडा, सनीठा एवं वृंत है। तथा परम उत्तम ब्रह्मास्त्र भी प्रदान करता हूँ।

काकुत्स्थ कुलभूषण! मैं तुम्हें ब्रह्मा के दो प्रक्षेपास्त्र दे रहा हूँ, जिनके सामने कोई प्रक्षेपास्त्र नहीं ठहर सकता। इनके अतिरिक्त दो अत्यंत उज्ज्वल और सुंदर गदाएँ, जिनके नाम मोदकी और शिखरी हैं, उन्हें भी तुम्हें अर्पण करता हूँ। पुरुषसिंह राजकुमार राम! धर्मपाश, कालपाश और वरुणपाश भी उत्तम अस्त्र हैं, जिनके स्वामी क्रमशः

धर्म, काल एवं जल के देवता हैं। इन्हें भी आज तुम्हें अर्पित करता हूँ। रघुनंदन! सूखी और गीली दो प्रकार की अशनि तथा पिनाक एवं नारायणास्त्र भी दे रहा हूँ।

शिव का प्रिय आयुध पिनाक, नारायण का प्रक्षेपास्त्र तथा अग्नि का प्रिय आग्नेय अस्त्र, जो शिखरास्त्र के नाम से भी प्रसिद्ध है, तुम्हें अर्पण करता हूँ। अनद्य अस्त्रों में प्रधान वायव्यास्त्र भी तुम्हें दे रहा हूँ।

हे निष्पाप! मैं तुम्हें वायुदेव का उत्कृष्ट आयुध प्रदान करता हूँ। ध्यशिरस आयुध भी देता हूँ (जोकि ध्यगृव देवता का अस्त्र है, जिनका सिर घोड़े का है।) साथ ही क्रौंच प्रक्षेपास्त्र भी देता हूँ!

हे राम! हे काकुत्स्थ वंशज! मैं तुम्हें शक्तियों का युग्म दे रहा हूँ (दो-भाले-एक भगवान विष्णु का और दूसरा शिव का) कंकाल, घोर मूसल, कपाल तथा किंकिणी, आदि सभी अस्त्र तुम्हें दे रहा हूँ, जो राक्षसों के वध में उपयोगी हैं।

महाबाहु राजकुमार! नंदन नाम से प्रसिद्ध विद्याधरों का महान् अस्त्र तथा उत्तम खड्ग भी तुम्हें अर्पित करता हूँ।

मैं तुम्हें गंधर्वों का प्रिय प्रक्षेपास्त्र मोहन देता हूँ (नाम के अनुसार शत्रुओं को स्तंभित कर देता है।) (निद्राजनक) प्रक्षेपास्त्र प्रस्वप्न, सौम्य अस्त्र प्रशम्न (जोकि शत्रुओं के क्रोध को शांत करने का गुण रखता है।) साथ ही वर्षण, शोषण, संतापना, विलापन नामक प्रक्षेपास्त्र (जोकि क्रमशः वर्षा कर सकते हैं, नमी सोख सकते हैं, अत्यधिक ऊष्णता उत्पन्न कर सकते हैं तथा शत्रुओं को विलापित (रुला) कर सकते हैं। साथ ही कंदर्प (प्रेम के देवता) का अस्त्र मदन (जोकि शत्रु को मदांध कर सकता है।) तथा गंधर्वों का प्रक्षेपास्त्र मानव भी तुम्हें देता हूँ।

हे यशस्वी राजकुमार, मनुष्यों में सिंहस्थ! तुम पिशाचों का मोहन नामक प्रक्षेपास्त्र ग्रहण करो (नाम के अनुरूप शत्रु को सम्मोहित करता

है, साथ ही तमस और शक्तिशाली सौमना भी देता हूँ। हे मनुष्यों में सिंहस्थ! साथ ही सम्व्रत और अचानक मूसल भी। हे दशरथनंदन! सत्य नामक आयुध तथा महा-अस्त्र मायामय, हे शक्तिशाली! सूर्यदेव का हथियार तेजोप्रभा भी तुम्हें देता हूँ, जो शत्रु की शोभा को छीन लेता है, चंद्रदेव का आयुध शिशिर, देवताओं के वास्तुविद् त्वस्त का विकट हथियार, भागा का भयानक हथियार (जोकि अदिति के प्रिय पुत्रों में से एक है, एक-एक मास के उपरांत सूर्य पर अधिकार रखने वाली) साथ ही, मनु का अस्त्र सितेषु भी तुम्हें देता हूँ! हे दशरथनंदन! इच्छा के अनुरूप कोई भी आकार धारण करने वाले इन शक्तिशाली, उत्कृष्ट, लाभकारी शस्त्रों को अविलंब ग्रहण करो।

इस प्रकार से ऋषि विश्वामित्र ने मंत्रों की पूरी शृंखला का उन्हें ज्ञान दिया, जिनसे इन दिव्य अस्त्रों का आह्वान किया जा सकता था। साथ ही राम और लक्ष्मण को ये अस्त्र दिए। इन मंत्रों को याद रखना कठिन था। श्रीराम ने प्रसन्न चित्त होकर ये मिसाइलें ग्रहण कीं।

उस समय श्रीराम ने विश्वामित्र से विनम्र प्रार्थना की कि इन अस्त्रों के आह्वान की जानकारी के साथ-साथ वे यह भी सीखना चाहते हैं कि इन मंत्रों से प्रक्षेपास्त्रों को वापस कैसे लाया जा सकता है।

विश्वामित्र ने उन्हें यह तकनीक भी सिखाई, साथ ही इच्छानुसार अन्य दिव्य अस्त्रों का उपयोग भी सिखाया। श्रीराम ने प्रसन्नचित्त होकर यह विद्या ग्रहण की।

बालकांड (छंद-28) सर्ग 2,3

'भगवन्! आपकी कृपा से इन अस्त्रों को ग्रहण करके मैं देवताओं के लिए भी दुर्जय हो गया हूँ। मुनिवर, अब मैं इन्हें छोड़ने के बाद वापस बुलाने की विधि जानना चाहता हूँ।'

काकुत्स्थ कुलतिलक श्रीराम के ऐसा कहने पर महातपस्वी, धैर्यवान, उत्तम व्रतधारी और पवित्र विश्वामित्र ने उन्हें अस्त्रों को वापस बुलाने की विधि का उपदेश दिया।

योद्धा, वीर रूप में राम—परशुराम के साथ वाद-विवाद में राम के योद्धा रूप की झलक मिलती है। परशुराम ने कटु शब्दों में उन्हें चुनौती दी थी तथा वे शिव धनुष के टूटने का सामाचार सुनकर क्रुद्ध हो उठे थे। राम ने अपना धैर्य नहीं खोया, वे शांत रहे। उन्होंने परशुराम का धनुष और बाण नहीं पकड़े, बल्कि प्रत्यंचा पर बाण भी चढ़ा दिया। उन्होंने कुछ नहीं किया, बल्कि सच्चे वीर पुरुष के रूप में परशुराम का पूर्णरूपेण आदर-सम्मान किया, जो ब्राह्मण तथा विश्वामित्र के संबंधी थे।

लेकिन राम की प्रथम परीक्षा वनों में हुई जब भयावह राक्षस विराध ने बलपूर्वक सीता को छीनने की कुचेष्टा की थी तथा यह धमकी भी दी कि वह प्रत्येक व्यक्ति को जान से मार देगा। राम ने अपने धनुष-बाण से उसका वध कर दिया। तत्पश्चात् अनेक ऋषि-मुनियों ने उनसे प्रार्थना की कि वे उन्हें इन राक्षसों से बचाएँ, क्योंकि असुर जाति उनकी शांति भंग कर रही है।

जब अगस्त्य मुनि आश्रम में आए, तो उन्होंने राम को और अधिक अस्त्र-शस्त्र दिए। उनके साथ विश्वकर्मा के दिव्य बाण भी थे, उन्होंने ब्रह्मा द्वारा दिए गए सर्वश्रेष्ठ ऐसे शस्त्र भी दिए, जिनकी प्रभा सूर्य के समान और जो कभी धूमिल नहीं पड़ती। उन्होंने राम को अग्नि के समान ज्वलंत नुकीले बाणों से परिपूर्ण दो तरकश भी दिए तथा स्वर्ण जड़ित तलवार भी दी, जो सोने की म्यान में रखी हुई थी।

राम का अगला युद्ध खर-दूषण से हुआ। इनकी बहन शूर्पनखा ने भड़काते हुए बताया कि लक्ष्मण ने उसके नाक-कान काट दिए हैं।

राम और लक्ष्मण ने खर-दूषण सहित सभी निशाचरों को मार डाला।

खर का वध करने से पहले योद्धा रूप में राम के गुण प्रतिबिंबित होते हैं, जब राम ने उन्हें संबोधित करते हुए निम्नलिखित वचन कहे—

अरण्यकांड (छंद-29) सर्ग 3,4,5,7,8,9

समस्त प्राणियों को उद्वेग में डालने वाला क्रूर और पापाचारी अधिक काल तक टिक नहीं सकता। भले ही वह तीनों लोकों का स्वामी हो।

हे अभिमानी! लोक विरोधी कठोर कर्म करनेवाले को सभी अपने सामने आए दुष्ट सर्प की भाँति मारते हैं।

जो काम अथवा लोभ के वशीभूत पाप करते हैं, उस पाप में हर्ष का अनुभव करते हैं, वह उसी प्रकार अपना विनाश देखते हैं, जैसे वर्षा के साथ गिरे ओले खाकर ब्राह्मणी (रक्त पुच्छिका) अपना विनाश देखती है।

हे राक्षस! दंडक वन में रहने वाले अत्यंत पवित्र आत्मा ऋषियों को मारकर तुम्हें पृथ्वी पर क्या लाभ होगा?

जिनकी जड़ खोखली हो गई है, वे वृक्ष जैसे अधिक काल तक खड़े नहीं रह सकते, उसी प्रकार पापकर्म करने वाले लोकनिंदित क्रूर पुरुष ऐश्वर्य पाकर भी चिरकाल तक प्रतिष्ठित नहीं हो सकते।

जैसे समय आने पर वृक्ष में ऋतु अनुसार फूल लगते ही हैं, उसी प्रकार पाप कर्म करने वाले पुरुष को समयानुसार अपने पाप का भयंकर फल अवश्य ही प्राप्त होता है।

निशाचर! जैसे खाए हुए विषमिश्रित अन्न का परिणाम तुरंत भोगना पड़ता है, उसी प्रकार तीनों लोक में किए गए पापों का फल शीघ्र ही प्राप्त होता है।

बालि-वध—राम द्वारा बालि-वध को कभी-कभी राम के व्यक्तित्व के दोष रूप में देखा जाता है। यहाँ तक कि बालि राम से पूछता है कि दो के मध्य युद्ध में उन्होंने उसे क्यों मारा? जबकि उन्हें करुणामय, शूरवीर, विवेकी तथा संयमी, क्षमाशील, सत्यवान ओजस्वी तथा अपराधियों को दंड देने वाला माना जाता है।

बालि राम की इस दृष्टि से भी आलोचना करता है कि वे इच्छा के वशीभूत उग्र तथा अस्थिर चित्तवाले हैं, जिसके कारण उन्होंने ऐसे व्यक्ति का वध किया, जो उनका शत्रु नहीं था। यह क्षत्रिय धर्म के प्रतिकूल है।

राम ने उत्तर दिया —

किष्किंधाकांड (छंद-18)

सर्ग 6,10,11,12,13,14,18,19,20,22,23,24,25, 26,27,29,36,37,38,40,41,42,43

पर्वत, वन और काननों से युक्त यह सारी पृथ्वी इक्ष्वाकुवंशी राजाओं की है, जोकि मनु के वशंज हैं। अत: वे यहाँ के पशु-पक्षी और मनुष्यों पर दया करने और उन्हें दंड देने के भी अधिकारी हैं।

राजाओं में श्रेष्ठ भरत धर्म पर अनुराग रखने वाले हैं। वे समूची पृथ्वी का पालन कर रहे हैं। उनके रहते हुए इस पृथ्वी पर कौन प्राणी धर्म के विरुद्ध आचरण कर सकता है?

हम सब लोग अपने श्रेष्ठ धर्म में दृढतापूर्वक स्थित रहकर भरत की आज्ञा सामने रखते हुए धर्म मार्ग से भ्रष्ट पुरुष को विधिपूर्वक दंड देते हैं।

तुमने अपने जीवन में काम को ही प्रधानता दे रखी थी। राजोचित मार्ग पर तुम कभी स्थिर नहीं रहे। तुमने सदा ही धर्म को बाधा पहुँचाई

और बुरे कर्मों के कारण सत्पुरुषों द्वारा सदा तुम्हारी निंदा की गई।

बड़ा भाई, पिता तथा जो विद्या देता है, वह गुरु ये तीनों धर्म के मार्ग पर स्थित रहने वाले पुरुषों के लिए पिता के तुल्य माननीय है, ऐसा समझना चाहिए।

इसी प्रकार छोटा भाई, पुत्र और गुणवान शिष्य, ये तीनों पुत्र तुल्य समझे जाने योग्य हैं। उनके प्रति ऐसा भाव रखने में ही धर्म परायणता है।

मैंने तुम्हें क्यों मारा है? उसका कारण सुनो और समझो। तुम सनातन धर्म का त्याग करके अपने छोटे भाई की स्त्री से सहवास करते हो।

इस महामना सुग्रीव के जीते जी इसकी पत्नी रूमा का, जो तुम्हारी पुत्रवधु के समान है, कामवश उपभोग करते हो, अतः पापाचारी हो।

वानर! इस तरह तुम धर्म से भ्रष्ट हो, स्वेच्छाचारी हो गए हो और अपने भाई की स्त्री को गले लगाते हो। तुम्हारे इसी अपराध के कारण तुम्हें यह दंड दिया जाता है।

मैं उत्तम कुल में उत्पन्न क्षत्रिय हूँ। अतः मैं तुम्हारे पाप को क्षमा नहीं कर सकता। जो पुरुष अपनी कन्या, बहन अथवा छोटे भाई की स्त्री के पास काम बुद्धि से जाता है, उसका वध करना ही उसके लिए उपयुक्त दंड माना गया है। हमारे राजा भरत हैं। हम लोग तो केवल उनके ही आदेश का पालन करते हैं। तुम धर्म से गिर गए हो, अतः तुम्हारी उपेक्षा कैसे की जा सकती थी? हे वानरराज! हम कर्तव्य से बँधे है और तुम्हें दंड देना हमारा कर्तव्य है, क्योंकि तुमने नैतिकता छोड़ दी है! विद्वान् राजा भरत महान् धर्म से भ्रष्ट पुरुष को दंड देते और धर्मात्मा पुरुष का धर्मपूर्वक पालन करते हुए कामासक्त स्वेच्छाचारी पुरुषों के निग्रह में तत्पर रहते हैं। हरीश्वर! हम लोग तो भरत की

आज्ञा को ही प्रमाण मानकर धर्म-मर्यादा का उल्लंघन करने वाले तुम्हारे जैसे लोगों को दंड देने के लिए सदा उद्यत रहते हैं।

सुग्रीव के साथ मेरी मित्रता हो चुकी है। उनके प्रति मेरा वही भाव है, जो लक्ष्मण के प्रति है। वे अपनी स्त्री और राज्य की प्राप्ति के लिए मेरी भलाई करने के लिए कटिबद्ध हैं। मैंने वानरों के समीप इन्हें स्त्री और राज्य दिलाने की प्रतिज्ञा की है। ऐसी दशा में मेरे जैसा मनुष्य अपनी प्रतिज्ञा की ओर से कैसे दृष्टि हटा सकता है?

धर्म पर दृष्टि रखने वाले मनुष्य के लिए मित्र का उपकार करना धर्म ही माना गया है। अतः तुम्हें जो यह दंड दिया गया है, वह धर्म के अनुकूल है। ऐसा ही तुम्हें समझना चाहिए।

वानर शिरोमणि! अपने वध का दूसरा कारण भी सुनो। वीर, उस महान् कारण को सुनकर तुम्हें मेरे प्रति क्रोध नहीं करना चाहिए।

वानर श्रेष्ठ! इस कार्य के लिए मेरे मन में न तो संताप है और न ही खेद! मनुष्य बड़े-बड़े जाल बिछाकर, फंदे फैलाकर और नाना प्रकार के कूट उपाय करके, छिपे रहकर, सामने आकर बहुत से मृगों को पकड़ लेते हैं,भले ही वे भयभीत होकर भागते हों या विश्वस्त होकर अत्यंत निकट बैठे हों।

वानर! धर्मज्ञ राजर्षि भी इस जगत् में मृगया के लिए जाते हैं और विविध जंतुओं का वध करते हैं। इसलिए मैंने तुम्हें युद्ध में अपने बाणों का निशाना बनाया है। तुम मुझसे युद्ध करते थे या नहीं करते थे, इससे कोई अंतर नहीं आता, क्योंकि तुम वानर हो।

वानर श्रेष्ठ! राजा लोग दुर्लभ धर्म, जीवन और लौकिक अभ्युदय देने वाले होते हैं, इसमें संशय नहीं है।

अतः उनकी हिंसा न करें, उनकी निंदा न करें, उन पर आक्षेप न लगाएँ और न ही उनसे अप्रिय वचन बोलें, क्योंकि वे वास्तव में देवता

हैं, जो मानव रूप में इस पृथ्वी पर विचरते रहते हैं।

तुम तो धर्म के स्वरूप को न समझकर केवल क्रोध के वशीभूत हो गए हो, इसलिए मेरी निंदा कर रहे हो। जबकि मैं अपने पूर्वजों के सदाचरण का पालन कर रहा हूँ।

रावण-वध—जब राम ने अंततः रावण का वध कर दिया, तब असुरों के बीच जहाँ शोक व्याप्त था, वहीं वानर सेना आह्लादित थी, उनमें उत्साह और आनंद छाया था। यहाँ तक कि विभीषण भी उदास थे। योद्धा के रूप में राम ने उन्हें वीरोचित गुण बताए एवं कहा—

युद्ध कांड (छंद-109) सर्ग 14,15,16,17,18

रावण इस कारण से नहीं मारा गया कि वह शक्तिशाली कम था। इसने प्रचंड पराक्रम दरशाया है, उसका उत्साह बहुत बढ़ा हुआ था। उसे मृत्यु से कोई भय नहीं था। यह दैवात् रणभूमि में धराशायी हुआ है।

जो लो, अपने अभ्युदय की इच्छा से क्षत्रिय धर्म में स्थित होकर समरांगण में मारे जाते हैं, इस तरह नष्ट होने वाले लोगों के विषय में शोक नहीं करना चाहिए।

जिस बुद्धिमान् वीर ने इंद्र सहित तीनों लोकों को युद्ध में भयभीत कर रखा था, वही यदि इस समय काल के वश में हो गया हो, तो उसके लिए शोक करने का अवसर नहीं है।

युद्ध में किसी को सदा विजय-ही-विजय मिले, ऐसा पहले भी कभी नहीं हुआ है। वीर पुरुष संग्राम में या तो शत्रु द्वारा मारा जाता है या स्वयं ही शत्रुओं को मार गिराता है।

आज रावण को जो गति प्राप्त हुई है, यह पूर्वकाल के महापुरुषों द्वारा बताई गई उत्तम गति है। क्षात्र वृत्ति का आश्रय लेने वाले वीरों के

लिए तो यह बड़े ही आदर की वस्तु है। क्षत्रिय वृत्ति से रहने वाला वीर पुरुष यदि युद्ध में मारा जाता है तो यह शोक के योग्य नहीं है, यही शास्त्र का नियम है।

विभीषण ने रावण की अंत्येष्टि करने से मना कर दिया, क्योंकि रावण ने सद्मार्ग, सदाचार का त्याग कर दिया था। वह क्रूर, निर्दयी, मिथ्यवादी था, उसने स्त्री की लाज, सम्मान, मर्यादा का खयाल नहीं रखा। यहाँ तक कि उन्होंने रावण को भाई के वेष में अपना शत्रु माना था। उस समय योद्धा राम ने क्या कहा था, वह नीचे बताया गया है—

युद्ध कांड (छंद-109) सर्ग 96,97,98,99,100,101

राक्षसराज! मुझे तुम्हारा भी हित करना है, क्योंकि तुम्हारे ही प्रभाव से मेरी जीत हुई है। अवश्य ही मुझे तुमसे उचित बात कहनी चाहिए, अतः सुनो!

यह निशाचर! भले ही अधर्मी और असत्यवादी रहा हो, परंतु संग्राम में सदा ही तेजस्वी, बलवान और शूरवीर रहा है। सुना गया है, इंद्र आदि देवता जिसने इंद्रत्व पाने के लिए सौ घोड़ों की बलि दी थी, भी इसे परास्त नहीं कर सके थे।

समस्त लोकों को रुलाने वाला रावण बल पराक्रम से संपन्न तथा महामनस्वी था। बैर मरने तक ही रहता है। मरने के बाद उसका अंत हो जाता है। अब हमारा प्रयोजन भी सिद्ध हो चुका है, अतः इस समय जैसे यह तुम्हारा भाई है, वैसे ही मेरा भी है; इसलिए इसकी अंत्येष्टि करो।

महाबाहो! जैसे यह तुम्हारा अपना है, मेरा भी है। धर्म के अनुसार रावण तुम्हारी ओर से शीघ्र ही विधिपूर्वक दाह-संस्कार के योग्य है। ऐसा करने से तुम यश के भागी हो जाओगे।

राम की जीवनगाथा संघर्ष की गाथा रही है। बाल्यावस्था में योद्धा के रूप में वनों में संघर्ष आरंभ हुआ तथा वनवास के पश्चात् अयोध्या लौटने तक यह संघर्ष जारी रहा। अयोध्या में शासन काल के दौरान राम को किसी युद्ध का सामना नहीं करना पड़ा; फिर भी राक्षसों से संघर्ष करते समय, विशेष रूप से रावण के साथ युद्ध करते समय श्रीराम ने नौतिक सिद्धांतों और मर्यादा का पालन किया।

रावण की मृत्यु के पश्चात् उनकी विभीषण के समक्ष प्रतिक्रिया आज भी उदाहरण के तौर पर उद्धृत की जाती है। भारतीय सेना इसी सिद्धांत का अनुपालन करती है। सन् 1971 के दौरान भारत-पाक युद्ध में भारतीय सेना ने हजारों पी.ओ. डब्ल्यू. की उस समय देखभाल की थी, जब उन्होंने आत्म-समर्पण किया था। भारतीय सेना ने बर्बरता का आश्रय कभी नहीं लिया।

□

पाँचवाँ रूप

राजा या शासक के रूप में श्रीराम

ऋग्वेद काल में प्रशासनिक तंत्र जनजाति के मुखिया के नियंत्रण में था, जिसे 'राजन्' कहा जाता था। यह पद वंशानुगत नहीं था। जन-जाति की 'सभा-समिति' राजा का चुनाव करती थी, इसमें महिलाएँ भी शामिल होती थीं। राजन् जनजाति एवं पशुधन की रक्षा करता था और पुरोहित राजकाज में उसकी मदद करता था। उसकी स्थायी रूप में कोई सेना नहीं होती थी। आगे चलकर शासक ने वर्ग का रूप ले लिया। चार वर्णों की व्यवस्था उस समय अस्तित्व में नहीं थी, जैसे-जैसे समाज प्रगति करता गया, यह सामाजिक व्यवस्था अस्तित्व में आने लगी। आबादी बढ़ने तथा विविध प्रकार की आवश्यकताओं के साथ-साथ काम के अनुसार समाज को विभिन्न हिस्सों में बाँटना जरूरी हो गया (जन्म के आधार पर नहीं।)

शासक की आवश्यकता—राजा के रूप में राम के स्वरूप को पाँचवी छटा पर चर्चा से पूर्व, किसी राज्य के लिए शासक या राजा की प्रासंगिकता की जाँच करना जरूरी है। यदि कोई शासक न हो तो क्या होगा? यदि राजा का होना वास्तव में जरूरी है, तो राजा कैसा होना चाहिए? एक सु-शासक में कौन-कौन से गुण होने चाहिए? क्या राजा

राम में ये गुण थे? वाल्मीकी रामायण में किसी राज्य के लिए शासक की आवश्यकता को विस्तार से बताया गया है।

राजा दशरथ की आकस्मिक मृत्यु से अयोध्या में ऐसी ही स्थिति उत्पन्न हो गई थी, क्योंकि राजधानी में उस समय कोई उत्तराधिकारी नहीं था। भरत और शत्रुघ्न उस समय भरत के ननिहाल में थे। इसलिए वहाँ पर तब नेतृत्व को लेकर शून्य की स्थिति मौजूद थी, राज्य शासकहीन था।

यहाँ पर इस रोचक तथ्य पर ध्यान देना होगा कि हालाँकि उस समय अयोध्या को कोई खतरा नहीं था, फिर भी राजसिंहासन को ज्यादा समय तक खाली नहीं रखा जा सकता था, क्योंकि ऐसी स्थिति से बाह्य हमलावरों के आक्रमण या राज्य के विलय की आशंका बनी रहती है, साथ ही राज्य में अराजकता की स्थिति भी आ सकती है।

अयोध्या के मंत्रियों तथा विद्वानों में परस्पर विचार-विमर्श का सार इस प्रकार है—

अयोध्या कांड

(छंद-67) सर्ग 9,10,11,12,17,18,19,20,22,23,25, 29,31,32,34, 35,36

जहाँ कोई राजा नहीं होता, ऐसे जनपद में विद्युन्मलाओं से अलंकृत महान् गर्जन करने वाला मेघ पृथ्वी पर दिव्य जल की वर्षा नहीं करता है।

राजा से रहित भूमि पर विद्युन्मालाओं से सुसज्जित गर्जना करने वाले बादल भी वर्षा द्वारा भूमि को नहीं भिगोते।

शासक रहित भूमि में (फसल की अनिश्चितता के भय से) मुट्ठी भर बीज भी नहीं बिखेरे जाते। (नहीं) पुत्र पिता के और पत्नी पति के

नियंत्रण में नहीं रहती (क्योंकि कोई अधिकारी सदाचार लागू करने के लिए नहीं रहता।)

शासक रहित पृथ्वी पर वैयक्तिक संपत्ति नहीं होती (संरक्षक के न होने के कारण), न ही (विश्वासपात्र) पत्नी (क्योंकि व्यक्तिचार पर नियंत्रण नहीं होता।) राजा से रहित क्षेत्र को बड़ा जोखिम रहता है। ऐसे में सत्यवादिता (सद्‌गुण) का कोई रूप कैसे बना रह सकता है?

शासक रहित क्षेत्र में लोग सम्मेलन कक्ष नहीं बनाते (क्योंकि वहाँ जनसभाएँ नहीं होती), न ही आनंदमय लोग सुंदर बगीचे बनाते हैं (शांति और व्यवस्था के शत्रुओं द्वारा नष्ट किए जाने के भय) से न ही पवित्र स्थान बनाते हैं। (जैसे कि आगंतुकों और यात्रियों के निःशुल्क ठहरने के लिए मंदिर एवं भवन।)

राजा रहित जनपद में सोने के आभूषणों से विभूषित कुमारियाँ एक साथ मिलकर संध्या के समय उद्यानों में क्रीड़ा करने के लिए नहीं जा सकतीं।

बिना राजा के राज्य में धनी लोग सुरक्षित नहीं रह पाते तथा कृषि और गोरक्षा से जीवन निर्वाह करने वाले वैश्य भी दरवाजा खोलकर नहीं सो पाते हैं—चोर-डकैतों के भय से।

राजा से रहित जनपद में कामी मनुष्य नारियों के साथ शीघ्रगामी वाहनों द्वारा वन विहार के लिए नहीं निकलते हैं। वनों की रमणीयता का आनंद लेने के लिए।

जहाँ कोई राजा नहीं होता, उस जनपद में साठ वर्ष के दंतार हाथी घंटे बाँधकर सड़कों पर नहीं घूमते हैं। गजदंत अथवा गले की घंटी को खोने के भय से।

राजा से रहित जनपद में दूर जाकर व्यापार करने वाले वणिक बेचने की बहुत सी वस्तुएँ साथ लेकर कुशलतापूर्वक मार्ग तय नहीं कर सकते।

जहाँ कोई राजा नहीं होता, उस जनपद में जहाँ संध्या हो, वहीं डेरा डाल देने वाला अपने अंत:करण के द्वारा परमात्मा का ध्यान करने वाला और अकेला ही विचरने वाला जितेंद्रिय मुनि आतिथ्य-सत्कार करने वाले गृहस्थियों की चाह में नहीं घूमता-फिरता है। बिना राजा के राज्य में लोग वस्त्राभूषणों से विभूषित हो हृष्ट-पुष्ट उत्तम घोड़ों तथा रथों द्वारा सहसा यात्रा नहीं करते हैं।

शासक रहित क्षेत्र में संपत्ति का उपार्जन तथा संरक्षण संभव नहीं होता। न ही सेना युद्धभूमि में शत्रु को पराजित कर सकती है!

जैसे जल के बिना नदियाँ, घास के बिना वन और ग्वालों के बिना गौओं की शोभा नहीं होती, उसी प्रकार राजा के बिना राज्य शोभा नहीं पाता है।

राजा के न रहने पर राज्य में किसी भी मनुष्य की कोई भी वस्तु अपनी नहीं रह जाती। जैसे मत्स्य एक-दूसरे को खा जाते हैं, उसी प्रकार अराजक देश के लोग सदा एक-दूसरे को खाते, लूटते-खसोटते रहते हैं।

(स्थिरता के अभाव में) वे लोग भी जो पुनर्जन्म में विश्वास नहीं करते और वेदों में बताए गए आचरण के विरुद्ध कर्म करते हैं तथा जिन्हें (फलस्वरूप) राजा के द्वारा सजा दी गई है, (अराजकता के चलते) उन्हें भय नहीं रहा और वे दूसरों पर शक्ति-प्रदर्शन करते हैं।

राजा ही सत्य और धर्म है। राजा ही कुलवानों का कुल है। राजा ही माता और पिता है तथा राजा ही मनुष्यों का हित करने वाला है।

राजा अपने महान् चरित्र द्वारा यम, कुबेर, इंद्र और महाबली वरुण से भी आगे बढ़ जाते हैं (यमराज केवल दंड देते हैं, कुबेर केवल धन देते हैं, इंद्र केवल पालन करते हैं और वरुण केवल सदाचार में नियंत्रित करते हैं, परंतु श्रेष्ठ राजा में ये चारों गुण मौजूद होते हैं। अत: वह इन सबसे आगे बढ़ जाता है।)

यदि संसार में भले-बुरे का विचार या अंतर करने वाला राजा न हो, तो यह संपूर्ण जगत् अंधकार से आच्छन्न सा हो जाए, कुछ भी सूझ न पड़े।

उत्तराधिकारी रूप में राम ही क्यों?

राजा दशरथ ने राम को यों ही प्रेमवश अपना उत्तराधिकारी नहीं चुना था। ऐसा इसलिए किया गया था, क्योंकि राम उनके सबसे बड़े पुत्र थे, उनके पास आवश्यक प्रशासनिक कौशल थे। विवाह के पश्चात् राम और सीता सुखमय जीवन बिता रहे थे। भरत और शत्रुघ्न दोनों भरत के ननिहाल गए हुए थे। राम और लक्ष्मण अपने देव तुल्य पिता की सेवा कर रहे थे। पिता की आज्ञा को वे सर्वोपरि मानते थे, राम प्रजा से जुड़े समस्त राजकाज उनकी इच्छा के अनुसार कर रहे थे तथा जन-कल्याण के अनुकूल धर्म निभा रहे थे। ये सभी कार्य करते हुए वे आत्मसंयमी बने रहे तथा अपने गुरुजनों का ध्यान रखा।

राजा ही नहीं, बल्कि अयोध्या के ब्राह्मण एवं व्यापारी वर्ग सहित अन्य सभी उनसे प्रसन्न थे। राम के आचरण की प्रशंसा करते थे, जो ओजस्वी थे तथा अपने भाइयों में सर्वश्रेष्ठ थे। उन्होंने अनेक माह तक अपनी पत्नी के साथ आनंदपूर्वक जीवन बिताया।

राम के गुण

राम शारीरिक सौंदर्य एवं शौर्य से परिपूर्ण थे। साथ ही छिद्रान्वेषी प्रवृत्ति से मुक्त थे। उनका चित्त शांत रहता था तथा वे मृदु भाषी थे।

उनका अपने ऊपर नियंत्रण था, आत्मसंयमी होने के कारण एक मात्र सद्कर्म से ही संतुष्ट होकर दूसरों की सैकड़ों बुराइयों पर भी ध्यान नहीं देते थे।

राम प्रतिभाशाली, सौम्य वक्ता, विनम्र एवं मिलनसार एवं पराक्रमी थे, फिर भी अपनी असाधारण क्षमताओं से गर्वित नहीं होते थे।

वे कभी झूठ नहीं बोलते थे तथा विद्वान् और अपने गुरुजन का आदर करते थे। वे प्रजा के प्रिय थे तथा वे भी प्रजा से प्यार करते थे।

वे करुणामय थे, क्रोध पर विजय प्राप्त कर चुके थे, ब्राह्मणों के उपासक थे, दुखी लोगों से सहानुभूति रखते थे तथा गलत एवं सही के बीच अंतर रखते थे, आत्मसंयमी और पवित्र जीवन बिताते थे।

राम आरोग्य, तरुण, सुवक्ता, बलिष्ठ थे तथा वे जानते थे कि कब और कहाँ कौन सा कार्य करना उचित रहेगा? वे पवित्र आत्मा थे, जो हर व्यक्ति का महत्त्व समझते थे।

राम विज्ञान की सभी विधाओं में निष्णात थे तथा पवित्र वचनों का पालन करते थे। इन्होंने चारों वेदों का अध्ययन किया था। वे इनसे संबंधित आनुषंगिक ज्ञान के ज्ञाता थे। धनुर्विद्या में ये अपने पिताजी की तुलना में अधिक श्रेष्ठ थे तथा रहस्यमय शक्ति या गुप्त मंत्र से प्रणोदित मिसाइलों के उपयोग में भी पारंगत थे।

ये विवेक, ऐहिक आनंद तथा समृद्धि के सिद्धांतों के बारे में सत्य को जानते थे। राम तीव्र स्मरणशक्ति से संपन्न थे तथा कुशाग्र बुद्धि के धनी थे। वे धर्म-निरपेक्ष कर्तव्यों के निर्वहन और वैदिक कर्मकांडों में प्रवीण थे।

राम सौम्य, विनम्र थे, अपनी भावनाएँ उजागर नहीं करते थे तथा गुणों के कारण लोग उनके प्रति आकर्षित होते थे। इनमें सुख एवं क्षोभ के भाव अनंत थे। वे जानते थे कि उन्हें कब धन देना है और कब रोकना है।

इनमें अटूट निष्ठा थी तथा वे शांत चित्त के पुरुष थे। न तो उनके चारों ओर अयोग्य व्यक्तियों का जमघट था, न ही ये कोई गलत शब्द

बोलते थे। इनमें नाममात्र का भी आलस्य नहीं था, वे हमेशा सजग रहते थे तथा दूसरों के साथ-साथ अपने परिजन के दोषों के प्रति सचेत रहते थे।

वे भली-भाँति पवित्र ज्ञान के ज्ञाता थे तथा अन्य लोगों की सेवाओं की कद्र करते थे। ये व्यक्ति का मन भाँप लेते थे। समानता के सिद्धांतों के अनुसार दंड देते थे या सम्मान करते थे।

ये धर्मपरायण पुरुषों को पहचानने में प्रवीण थे तथा उन्हें आश्रय देते थे। वे यह जानते थे कि उन्हें कहाँ पर हिंसा का सहारा लेना है। ये आय के स्रोतों का लाभ उठाने के तरीके जानते थे, (जनता का दमन किए बिना) आय के साधनों में वृद्धि करते थे। राम धर्मशास्त्रों में बताए अनुसार धन का व्यय करने की कला के मर्मज्ञ थे तथा विवेक सम्मत ढंग से आनंद उठाते थे तथा अपनी वित्तीय स्थिति को सुदृढ बनाए रखते थे।

ये वाद्य एवं गायन, संगीत, चित्रकला, आदि जैसी कलाओं के पारखी थे तथा जानते थे कि विभिन्न मदों पर व्यय के लिए कैसे धन का आवंटन किया जाए।

राम कुशल गज एवं अश्व सवार थे। धनुर्विद्या में पारंगत थे एवं उन्हें विश्व में अतिरथ के रूप में सम्मान मिला। ('अतिरथ' का तात्पर्य ऐसा योद्धा है, जो अनेक महारथियों से अकेले लड़ सकता है।)

ये शत्रु के सुरक्षित दुर्ग तक राह निकालना ही नहीं जानते थे, बल्कि वे युद्ध में कैसे आक्रमण किया जाए तथा किसी विशेष चक्रव्यूह में दुश्मन को परास्त किया जाए, आदि कला में भी परंत्रत थे। यहाँ तक सुर-असुर भी उन्हें पराभूत नहीं कर सकते थे।

राम छिद्रान्वेषी नहीं थे, उन्हें क्रोध पर नियंत्रण था, वे कभी भी घमंड नहीं करते थे, न ही ईर्ष्या करते थे।

उनका किसी भी प्राणी ने कभी निरादर नहीं किया था तथा न ही वे समय-सीमा के वशीभूत थे।

सर्वसम्मत विकल्प

इन गुणों के कारण वृद्धावस्था में प्रवेश करने पर महाराज दशरथ ने फैसला किया कि उनके जीते जी श्रीराम का अयोध्या के भावी महाराज या युवराज के रूप में राज्याभिषेक किया जाए। उन्होंने अपने मंत्रियों के साथ इस निर्णय पर विचार किया।

वे यह भी जान गए थे कि राम अधिक लोकप्रिय होते जा रहे हैं, इसलिए उन्होंने विभिन्न नगरों के गण्यमान्य नागरिकों व देश के विभिन्न शासकों को बुलाया तथा सभा को संबोधित करके अयोध्या के भावी शासक के रूप में राम को राजगद्दी पर बिठाने के लिए उनकी सम्मति माँगी।

अयोध्या कांड (सर्ग 2) 15-16

यदि मेरा यह प्रस्ताव आप लोगों को अनुकूल जान पड़े और यदि मैंने यह अच्छी बात सोची हो तो आप लोग इसके लिए मुझे सहर्ष अनुमति दें अथवा यह बतावें कि मैं किस प्रकार से कार्य करूँ?

यद्यपि श्रीराम के राज्याभिषेक का विचार मेरे लिए अधिक प्रसन्नता का विषय है, तथापि यदि आप इससे सहमत नहीं हैं तो आप लोग उस पर विचार करें, क्योंकि मध्यस्थ पुरुषों का विचार एक पक्षीय पुरुष की अपेक्षा विलक्षण पूर्ण होता है, कारण कि वह पूर्वपक्ष और अपर पक्ष को लक्ष्य करके किया गया विचार होने के कारण अधिक अभ्युदय करने वाला होता है।

इस प्रकार से अन्य प्रदेशों के आमंत्रित नागरिकों सहित अयोध्या

के सभी नागरिक ब्राह्मण तथा सेनापति राम के प्रशंसक थे तथा उन्होंने घोषणा कर दी कि इस पृथ्वी पर शासन के लिए राम उपयुक्त हैं तथा युवराज के रूप में उनके राज्याभिषेक का अनुरोध करने लगे।

फिर भी दशरथ के मन में संदेह था तथा वे उनसे अधिक स्पष्टीकरण चाहते थे, ताकि वे उन्हें समझा सकें तथा प्रमाणित कर सकें कि राम वास्तव में अयोध्या राज्य के शासन की बागडोर सँभाल सकते हैं। इन लोगों से दशरथ को उत्साहपूर्वक उत्तर मिला तथा दशरथ के मन में तनिक भी संदेह नहीं रहा।

अयोध्या कांड (छंद-2) सर्ग 29,31,34,35,36-41,45

एकमात्र श्रीराम ही संसार में सत्यवादी सत्यपरायण और सत्पुरुष हैं। साक्षात् श्रीराम ने ही अर्थ के साथ धर्म को भी प्रतिष्ठित किया है।

वे जानते हैं कि क्या ठीक है, अपने वचन के पक्के हैं, सौम्यता से परिपूर्ण, छिद्रान्वेषण रहित, शांत, आरामदायक, मृदुभाषी, कृतज्ञ तथा अपनी इन्द्रियों को वश में रखने वाले हैं।

वे देवता, राक्षस तथा मनुष्यों द्वारा प्रयोग किए जाने वाले प्रक्षेपास्त्रों की विद्या में निपुण हैं और उन्होंने अपने विभिन्न विज्ञान सीखने के प्रण को पूरा कर लिया है तथा वेद तथा वेदों के छह आनुषंगिक ग्रंथ (शिक्षा, व्याकरण, चांडष, निरुक्त, ज्योतिष, कल्प जोकि रस्मों तथा बलि संबंधी कृत्यों से संबंधित हैं।) सभी का ज्ञान प्राप्त कर लिया है।

भरत के बड़े भाई श्रीराम गांधर्ववेद (संगीत-शास्त्र) में भी इस भूतल पर सबसे श्रेष्ठ हैं। कल्याण की तो वह जन्मभूमि है। उनका स्वभाव साधु पुरुषों के समान है, हृदय उदार और बुद्धि विशाल है।

लोगों को दुःख में देखकर वे दुःखी होते हैं और उनकी खुशी में एक पिता की भाँति खुश होते हैं। वे सत्य भाषण करते हैं, पक्की प्रतिज्ञा

करते हैं तथा बड़ों की सेवा करते हैं, मन पर नियंत्रण रखते हैं।

इस पृथ्वी की तो बात ही क्या है, वे संपूर्ण त्रिलोक की भी रक्षा कर सकते हैं। उनके द्वारा किया गया क्रोध और कृपा कभी व्यर्थ नहीं जाते हैं।

राम और प्रशासन—जब राम वन में भरत से मिले, तब उन्होंने अयोध्या के बारे में पूछा था। वास्तव में राम ने प्रश्न पूछकर भरत को राज्य का प्रशासन चलाने के लिए परामर्श दिया था। उन्होंने प्रशासन कला की खूबियों पर विस्तार से जानकारी दी थी। उनके संबोधन में राजा के कर्तव्य और उत्तरदायित्व उजागर हुए हैं, जिनमें प्रशासन की समूची शृंखला और पहलू शामिल हैं। राजा को अपनी प्रजा की खुशहाली और कल्याण के लिए इनमें प्रवीणता हासिल करनी चाहिए। अन्य शब्दों में भरत से पूछे गए प्रश्न, स्पष्टतः भरत के लिए नहीं थे, बल्कि दक्ष प्रशासन कला तथा सिद्धांतों को जानने के इच्छुक लोगों के हित के लिए ये दिशा-निर्देश हैं!

परिवार में मानव संबंधों तथा भरत के आचरण एवं संयम से आरंभ करते हुए इन प्रश्नों में आंतरिक समरसता सुनिश्चित करने के लिए माता-पिता, अध्यापक और गुरुजन की सेवा तथा प्रासंगिकता शामिल हैं। इसमें सरकार के सभी विभाग शामिल हैं, जैसे—गृह मंत्रालय, रक्षा, विदेश मंत्रालय, वित्त, श्रम संबंध तथा कृषि इत्यादि।

हम रामराज्य की बात करते हैं, यह रामराज्य क्या है? प्रशासन के किन सिद्धांतों पर रामराज्य आधारित है? राम ने भरत से कुछ प्रश्न किए थे, जो सुशासन के आधार हैं। ये सुशासन के प्रमुख सिद्धांत हैं, जिन पर विस्तारपूर्वक चर्चा की गई है।

राजा के कर्तव्य और उत्तरदायित्व

अयोध्या कांड (छंद-100)

**सर्ग 11,13,14,15,16,17,18,19,20,21,
22,23,24,25,26,27,29,30,31,32,33,34,35,36,
37,38,39,40,41,42,43,44,45,46,47,48,49,50,51,
52,53,54,55,56,57,58,59,60,61,62,63,64,
65,66,67,68,69,70,71,72,73,74,75,76**

उत्तम कुल के उत्पन्न विनयी, बहुश्रुत, किसी के दोष न देखने वाले तथा शास्त्रोक्त धर्मों पर निरंतर दृष्टि रखने वाले पुरोहितजी का तुमने पूर्णतः आदर-सत्कार किया है?

तात! क्या तुम देवताओं, पितरों, भृत्यों, (वसिष्ठ के पुत्र आश्रितों) गुरुजन, पिता तुल्य वृद्धजन, वैद्य और ब्राह्मणों का सम्मान करते हो?

भाई! मंत्ररहित श्रेष्ठ बाणों के प्रयोग तथा मंत्र-रहित उत्तम अस्त्रों के प्रयोग के ज्ञान से संपन्न और अर्थशास्त्र (राजनीति) के अच्छे पंडित आचार्य सुधन्वा का क्या तुम समादर करते हो?

तात! क्या तुमने अपने ही समान शूरवीर, शास्त्रज्ञ, जितेंद्रिय, कुलीन तथा बाह्य चेष्टाओं से ही मन की बात समझ लेने वाले सुयोग्य व्यक्तियों को ही मंत्री बनाया है?

रघुनंदन! अच्छी मंत्रणा ही राजाओं की विजय का मूल कारण है। वह भी तभी सफल होती है, जब नीति-शास्त्र निपुण मंत्री शिरोमणि अमात्य उसे सर्वथा गुप्त रखें।

भरत! तुम असमय में ही निद्रा के वशीभूत तो नहीं होते? समय पर जाग जाते हो न? रात के पिछले पहर में अर्थ सिद्धि के उपाय पर विचार करते हो न?

कोई भी गुप्त मंत्रणा दो से चार कानों तक ही गुप्त होती है। छह कानों में जाते ही फूट जाती है। अत: वह मैं पूछता हूँ कि तुम किसी गूढ विषय पर अकेले ही तो विचार नहीं करते? अथवा बहुत लोगों के साथ बैठकर मंत्रणा तो नहीं करते? कहीं ऐसा तो नहीं होता कि तुम्हारी निश्चित की गई गुप्त मंत्रणा फूटकर शत्रु के राज्य तक फैल जाती हो?

रघुनंदन! जिसका साधन बहुत छोटा और फल बहुत बड़ा हो, ऐसे कार्य का निश्चय करने के बाद तुम उसे शीघ्र प्रारंभ कर देते हो न? उसमें विलंब तो नहीं करते?

तुम्हारे सब कार्य पूर्ण हो जाने पर अथवा पूरे होने के समीप पहुँचने पर ही दूसरे राजाओं को पता चलता है न? कहीं ऐसा तो नहीं होता कि तुम्हारे भावी कार्यक्रम को वे पहले ही जान लेते हों?

तात! तुम्हारे निश्चित किए हुए विचारों को तुम्हारे या मंत्रियों के प्रकट न करने पर भी दूसरे लोग तर्क और युक्ति से जान तो नहीं लेते? और दूसरों के विचार तुम और तुम्हारे मंत्री जान लेते हैं न?

मंत्री परिषद्—क्या तुम सहस्त्रों मूर्खों के बदले एक पंडित को ही अपने पास रखने की इच्छा रखते हो? क्योंकि विद्वान् पुरुष ही अर्थ संकट के समय कल्याण कर सकता है?

यदि राजा हजार या दस हजार मूर्खों को अपने पास रख ले, तो भी उनसे अवसर पर कोई सहायता नहीं मिलती। यदि एक मंत्री भी मेधावी,शूरवीर,चतुर और नीतिज्ञ हो तो वह राजा या राजकुमार को बहुत बड़ी संपत्ति की प्राप्ति करा सकता है।

तात! तुमने प्रधान व्यक्तियों को प्रधान, मध्यम श्रेणी के मनुष्यों को मध्यम और छोटी श्रेणी के लोगों को छोटे कामों में नियुक्त किया है न?

जो घूस न लेते हों अथवा निश्छल हों, बाप-दादों के समय से ही

काम करते आ रहे हों तथा बाहर-भीतर से पवित्र एवं श्रेष्ठ हों, ऐसे अमात्यों को ही तुम उत्तम कार्यों में नियुक्त करते हो न?

कैकेयी कुमार! तुम्हारे राज्य की प्रजा कठोर शासन से अत्यंत उद्विग्न होकर तुम्हारे मंत्रियों का तिरस्कार तो नहीं करती?

बीमारी बढ़ाने वाले चिकित्सक, मालिक को कलंकित करने वाले भृत्य तथा राजसी शक्तियों की इच्छा रखने वाले योद्धा से छुटकारा न पाएँ तो वे राजा को ही मार देते हैं।

क्या तुमने सदा संतुष्ट रहने वाले, शूरवीर, धैर्यवान्, बुद्धिमान्, पवित्र, कुलीन एवं अपने में अनुराग रखने वाले रणकर्म दक्ष पुरुष को ही सेनापति बनाया है?

तुम्हारे प्रधान-प्रधान योद्धा, बलवान, युद्ध कुशल और पराक्रमी तो हैं न? क्या तुमने उनके शौर्य की परीक्षा ली है तथा क्या वे तुम्हारे द्वारा सत्कारपूर्वक सम्मान पाते रहते हैं?

श्रम संबंध—सैनिकों को देने के लिए नियत किया गया समुचित वेतन तथा भत्ता समय पर देते रहते हो न? देने में कहीं विलंब तो नहीं करते?

यदि भत्ता और वेतन समय पर नहीं दिया जाता है तो सैनिक अपने स्वामी पर भी कुपित हो जाते हैं। इसके कारण बड़ा भारी अनर्थ हो जाता है।

क्या उत्तम कुल के उत्पन्न मंत्री आदि समस्त प्रधान अधिकारी तुमसे प्रेम करते हैं? क्या वे तुम्हारे लिए एकचित्त होकर अपने प्राणों का त्याग करने के लिए उद्यत रहते हैं?

राजदूत—भरत! तुमने जिसे राजदूत के पद पर नियुक्त किया है, वह पुरुष अपने ही देश का निवासी, विद्वान्, कुशल, प्रतिभाशाली और जैसा कहा जाए, वैसी ही बात दूसरे के सामने कहने वाला और उचित-

अनुचित के अंतर के विवेक युक्त है न?

जासूसी तंत्र—क्या तुम शत्रु पक्ष के अठारह और अपने पक्ष के पंद्रह पदधारियों की तीन-तीन अज्ञात गुप्तचरों द्वारा जाँच पड़ताल करते रहते हो?

(ये अठारह पदधारी इस प्रकार हैं।)

1. मुख्यमंत्री, 2. राजपुरोहित, 3. युवराज, 4. सेनापति, 5. द्वारपाल, 6. अंत:पुर का अध्यक्ष, 7. कारागाराध्यक्ष, 8. यथायोग्य कार्यों में धन का व्यय करने वाला सचिव, 9. प्रदेष्टा, 10. कोतवाल, 11. धर्माध्यक्ष, 12. सभाध्यक्ष, 13. दंडपाल, 14. दुर्गपाल, 15. राष्ट्र सीमा पाल, 16. कार्य निर्माण कर्ता, 17. कोषाध्यक्ष, 18. वन रक्षक।

(किसी राज्य के अपने पंद्रह पदाधिकारियों में प्रारंभ के तीन पद शामिल नहीं हैं।)

शत्रुओं पर नियंत्रण रखना—शत्रुसूदन! जिन शत्रुओं को तुमने राज्य से निकाल दिया है, वे यदि फिर लौटकर आते हैं, तो तुम उन्हें दुर्बल समझकर उनकी उपेक्षा तो नहीं करते?

तात! तुम कभी नास्तिक ब्राह्मणों का संग तो नहीं करते हो? क्योंकि वे बुद्धि को परमार्थ की ओर से विचलित करने में कुशल होते हैं तथा वास्तव में अज्ञानी होते हुए भी अपने को बहुत बड़ा पंडित समझते हैं।

उनका ज्ञान वेद के विरुद्ध होने के कारण दूषित होता है। वे प्रमाण भूत प्रधान धर्मशास्त्रों के होते हुए भी तार्किक बुद्धि का आश्रय लेकर व्यर्थ बकवास किया करते हैं।

अयोध्या की सुरक्षा—इसके बाद राम ने भरत को अयोध्या की रक्षा के बारे में हिदायतें दीं तथा इस राज्य की समृद्धि के विभिन्न पक्षों और उपायों के बारे में पूछा। जैसे जल भंडारण भली प्रकार से सिंचित

खेत, जो मानसून की मेहरबानी पर आश्रित नहीं हैं, पशुधन, अत्यधिक प्रसन्न विद्वान् स्त्री-पुरुष, हिंसा और भय से मुक्त जन समाज आदि।

तात! अयोध्या हमारे वीर पूर्वजों की निवास भूमि है, उसका जैसा नाम है, वैसा ही गुण है। उसके द्वार सब ओर से सुदृढ हैं। वह हाथी, घोड़े और रथों से परिपूर्ण है। अपने-अपने कर्मों में लगे हुए क्षत्रिय, ब्राह्मण और वैश्य सहस्रों की संख्या में वहाँ सदा निवास करते हैं। वे सबके सब महान् उत्साही, जितेंद्रिय और श्रेष्ठ हैं। नाना प्रकार के राजभवन और मंदिर उसकी शोभा बढ़ाते हैं। वह नगरी बहुसंख्यक विद्वानों से भरी है। ऐसी अभ्युदयशील और समृद्धिशाली नगरी अयोध्या की तुम भली-भाँति रक्षा तो करते हो न?

रघुनंदन भरत! जहाँ नाना प्रकार के महायज्ञों के बहुत से चयन प्रदेश (अनुष्ठान स्थल) शोभा पाते हैं, जिसमें प्रतिष्ठित मनुष्य अधिक संख्या निवास में करते हैं, अनेकानेक देवस्थान, ओसारे और तालाब जिसकी शोभा बढ़ाते हैं, जहाँ के स्त्री-पुरुष सदा प्रसन्न रहते हैं, जो सामाजिक उत्सवों के कारण सदा शोभा संपन्न दिखाई देता है, जहाँ खेत जोतने में समर्थ पशुओं की अधिकता है, जहाँ किसी प्रकार की हिंसा नहीं होती, जहाँ खेती के लिए वर्षा के जल पर निर्भर नहीं रहना पड़ता (नदियों के जल से ही सिंचाई हो जाती है।) जो बहुत ही सुंदर है और हिंसक्र पशुओं से रहित है, जहाँ किसी तरह का भय नहीं है, नाना प्रकार की खानें जिसकी शोभा बढ़ाती हैं, जहाँ पापी मनुष्यों का सर्वथा अभाव है तथा हमारे पूर्वजों ने जिसकी भली-भाँति रक्षा की है, वह अपना कोसल देश धन-धान्य से संपन्न और सुखपूर्वक बसा हुआ है न?

तात! कृषि और गोरक्षा से आजीविका चलाने वाले सभी वैश्य तुम्हारे प्रीतिपात्र हैं न? क्योंकि कृषि और व्यापार आदि में संलग्न रहने पर ही यह लोक सुखी एवं उन्नतिशील होता है।

उन वैश्यों को अभीष्ट की प्राप्ति कराकर और उनके अनिष्ट का निवारण करके तुम उन सब लोगों का भरण-पोषण तो करते हो न? क्योंकि राजा को अपने राज्य में निवास करने वाले सब लोगों का धर्मानुसार पालन करना चाहिए।

क्या राज्य में स्त्रियाँ संतुष्ट हैं? क्या वे भली-भाँति सुरक्षित हैं? तुम उन पर अधिक विश्वास तो नहीं करते? उन्हें अपनी गुप्त बात तो नहीं कह देते?

पर्यावरण—जहाँ हथियों का निवास है, वे जंगल सुरक्षित हैं न? तुम्हारे पास दूध देने वाली गौ अधिक संख्या में हैं न? (हथियों को फँसाने वाले हथिनियों की तो तुम्हारे पास कमी नहीं है न?) तुम्हें हथिनियों, घोड़ों और हाथियों के संग्रह से कभी तृप्ति तो नहीं होती?

राजकुमार! क्या तुम प्रतिदिन पूर्वाह्न काल में वस्त्राभूषणों से विभूषित हो प्रधान सड़क पर जाकर नगरवासियों को दर्शन देते हो?

कामकाज में लगे सभी मनुष्य निडर होकर तुम्हारे सामने तो नहीं आते? अथवा वे सब सदा तुमसे दूर तो नहीं रहते? क्योंकि कर्मचारियों के विषय में मध्यम स्थिति का अवलंबन करना ही अर्थ सिद्धि का कारण होता है।

क्या तुम्हारे सभी दुर्ग (किले) धन-धान्य, अस्त्र-शस्त्र, जल, यंत्र, शिल्पी, धनुर्धर, सैनिकों से भरे पूरे रहते हैं?

वित्तीय प्रबंधन—रघुनंदन! क्या तुम्हारी आय अधिक और व्यय बहुत कम है? (बजट प्रबंधन में वित्तीय घाटे से रहित) तुम्हारे खजाने का धन अपात्रों के हाथ में तो नहीं चला जाता?

देवता, पितर, ब्राह्मण, अभ्यागत, योद्धा तथा मित्रों के लिए ही तो तुम्हारा धन खर्च होता है न?

अपराध एवं दंड—कभी ऐसा तो नहीं होता कि मनुष्य किसी

श्रेष्ठ, निर्दोष और शुद्धात्मा पुरुष पर भी दोष लगा दे तथा शास्त्र-ज्ञान में कुशल विद्वानों द्वारा उसके विषय में विचार किए बिना ही लोभवश उसे आर्थिक दंड दे दिया जाता हो?

नरश्रेष्ठ! जो चोरी में पकड़ा गया हो, जिसे किसी ने चोरी करते समय देखा हो, पूछताछ से भी जिसके चोर होने का प्रमाण मिल गया हो तथा जिसके विरुद्ध (चोरी का माल बरामद होना आदि) और भी बहुत से कारण (सबूत) हों, ऐसे चोर को भी तुम्हारे राज्य में धन के लालच से छोड़ तो नहीं दिया जाता?

रघुकुल भूषण! यदि धनी और गरीब में कोई विवाद छिड़ा हो और वह राज्य के न्यायालय में निर्णय के लिए आया हो, तो तुम्हारे बहुज्ञ मंत्री धन आदि के लोभ को छोड़कर उस मामले पर विचार करते हैं न?

रघुनंदन! निरपराध होने पर भी जिन्हें मिथ्या दोष लगाकर दंड दिया जाता है, उन मनुष्यों की आँखों से जो आँसू गिरते हैं, वे पक्षपातपूर्ण शासन करने वाले राजा के पुत्र और पशुओं का नाश कर डालते हैं।

वयोवृद्ध/गुरुजन/ब्राह्मणों का आदर—राघव! क्या तुम वृद्ध पुरुषों, बालकों और प्रधान-प्रधान वैद्यों का आंतरिक अनुराग, मधुर वचन और धनदान, इन तीन उपहारों से सम्मान करते हो?

गुरुजनों, वृद्धों, तपस्वियों, देवताओं, अतिथियों, आगंतुकों, चैत्य वृक्षों तथा समस्त पूर्णकाम ब्राह्मणों को (जिन्होंने ज्ञान, चरित्र तथा सरलता से जीवन के लक्ष्य को पा लिया है) नमस्कार करते तो हो न?

तुम अर्थ के द्वारा धर्म को अथवा धर्म के द्वारा अर्थ को हानि तो नहीं पहुँचाते? अथवा आसक्ति और लोभ रूप काम के द्वारा धर्म और अर्थ दोनों में बाधा तो नहीं आने देते?

विजयी वीरों में श्रेष्ठ, समयोचित कर्तव्य के ज्ञाता तथा दूसरों को वर देने में समर्थ भरत! क्या तुम समय का विभाग करके धर्म, अर्थ और

काम का उचित समय पर उपयोग करते हो? हमारे स्मृति शास्त्र के अनुसार प्रातः एवं दोपहर का समय धर्म के लिए, दिन का समय अर्थोपार्जन के लिए तथा रात्रि का प्रथम पहर आनंद-कृत्यों के लिए है।

महाप्राज्ञ! संपूर्ण शास्त्रों के अर्थ को जानने वाले ब्राह्मण पुरवासी, जनपदवासी मनुष्यों के साथ तुम्हारे कल्याण की कामना करते हैं न?

बुरी आदतों का त्याग

तुम इन दोषों का सदा परित्याग करते हो, जोकि राजा के असफल होने का कारण बनते हैं—

1. नास्तिकता।
2. असत्य भाषण (लोभ आदि के कारण)।
3. क्रोध।
4. प्रमाद (राजस्वी कर्तव्यों की उपेक्षा करना)।
5. दीर्घसूत्रता।
6. ज्ञानी पुरुषों का संग न करना।
7. आलस्य।
8. पाँचों इंद्रियों के वशीभूत होना।
9. राज कार्यों के विषय में अकेले ही विचार करना।
10. प्रयोजन को न समझने वाले विपरीतदर्शी मूर्खों से सलाह लेना।
11. पहले से निश्चित किए गए कार्यों को शीघ्र प्रारंभ न करना।
12. गुप्त मंत्रणा को सुरक्षित न रखकर प्रकट कर देना।
13. कार्यारंभ से पहले मांगलिक आदि कार्यों का अनुष्ठान न करना।
14. (बिना सोचे-समझे) अपने स्थान से उठकर (आनेवाले सभी की अगुवाई करना।)

महाप्राज्ञ भरत! दशवर्ग (दस दोष), पंचवर्ग (पाँच प्रकार के दुर्ग),

चतुर्वर्ग (चार प्रकार की नीति साम, दाम, दंड, भेद), सप्तवर्ग (परस्पर उपकार करने वाले राज्य के सात अंग), अष्टवर्ग (क्रोध से उत्पन्न होने वाले आठ दोष), त्रिवर्ग (धर्म, अर्थ, काम), तीन विद्याएँ, बुद्धि द्वारा इंद्रियों को जीतना, छह गुण (संधि, विग्रह, यान, आसन, द्वैधीभाव, समाश्रय), दैवी और मानुषी बाधाएँ, राजा के नीतिपूर्ण कार्य, विंशति वर्ग (राजा संधि के योग्य नहीं होते।) दंड विधान, दो-दो गुणों की (द्वैधी भाव और समाश्रय), योनिभूत संधि और विग्रह इन सबकी ओर तुम यथार्थ रूप से ध्यान देते हो न? ज्ञान की तीन शाखाएँ (जैसे तीन वेद, कृषि संबंधी ज्ञान, वाणिज्य, व्यवसाय, राजनैतिक ज्ञान) इंद्रिय-निग्रह, सीमा संबंधी छह अनिवार्यताएँ (अपने विरुद्ध, युद्ध का अभिमान रखने वाले के साथ सामंजस्य बिठाना, उसका विरोध करना, अनुकूल समय की प्रतीक्षा, सेना के पदों का विभाजन, अपने से शक्तिशाली से संरक्षण प्राप्त करना, दैवी आपदाओं से बचाव, जैसे आग, बाढ़, अकाल, महामारी, नाशक जीव) तथा मनुष्यों से भी (जैस कि अधिकारी, चोर, शत्रु, राजा के पसंदीदा लोग, स्वयं राजा जब लोभवश हो जाए), सभी का समग्र ध्यान रखे। जैसा कि विधि का विधान है कि राजा को शत्रु के उन आदमियों को अपनी ओर मिला लेना चाहिए, जिनकी पगार रोक ली गई हो। जो लालची और चालाक हों, जिनका राजा द्वारा अनादर हुआ हो, जो शीघ्र क्रोधित हों और उकसाए गए हों जो भयभीत हों, ऐसे लोगों पर भी नजर रखनी चाहिए। इनमें से त्यागने योग्य दोषों को त्याग कर, ग्रहण करने योग्य गुणों को ग्रहण तो करते हो न? बीस प्रकार के दोषों (विंशति वर्ग) वाले राजा जो विचार-विमर्श के योग्य नहीं।

1. राजा, जो अभी भी बच्चा है।
2. वृद्ध।
3. दीर्घकालिक रोगी।

4. जातिच्युत।
5. डरपोक।
6. भीरू मनुष्यों को साथ रखने वाला।
7. लोभी।
8. लालची को आश्रय देनेवाला
9. मंत्री, सेनापति आदि प्रकृतियों को असंतुष्ट रखनेवाला।
10. विषयों में आसक्त।
11. चंचल चित्त मनुष्यों से सलाह लेनेवाला।
12. देवता और ब्राह्मणों की निंदा करनेवाला।
13. दैव का मारा हुआ।
14. भाग्य के भरोसे पुरुषार्थ न करनेवाला।
15. दुर्भिक्ष से पीड़ित।
16. सेना रहित।
17. स्वदेश में न रहनेवाला।
18. अधिक शत्रुओं वाला।
19. अकाल (क्रूर ग्रह दशा से युक्त)
20. सत्य धर्म से रहित।

हे ज्ञानवान रघुवंशज! (राज्य की) समूची जनता (शत्रु को जीतने के लिए) आगे बढ़ना, युद्धक्षेत्र में सेना का आगे होना, शत्रु के साथ समझौता और उसके विरुद्ध युद्ध करना, इनमें पहला तो दोहरी नीति का आधार है और शक्तिशाली शत्रु से संरक्षण पाना है, जबकि दूसरा दोनों नीतियों का आधार है—शत्रु के विरुद्ध आगे आना अथवा अनुकूल समय की प्रतीज्ञा करना।

क्या तुम धार्मिक ग्रंथों के अनुरूप, तीन या चार चुनिंदा मंत्रियों से एक साथ या अलग-अलग (ताकि उनमें मतभेद (फूट) न पड़े अथवा

गुप्त बात प्रकट न हो) मंत्रणा करते हो?

धर्मशास्त्रों/पूर्वजों का अनुसरण—क्या तुम वेदों की आज्ञा के अनुसार काम करके सफल करते हो? क्या तुम्हारी क्रियाएँ उद्‌देश्य की सिद्धि करने वाली हैं? क्या स्त्रियाँ संतानवती हैं? क्या तुम्हारा शास्त्र-ज्ञान भी विनय आदि गुणों से सफल हुआ है?

रघुनंदन! मैंने जो कुछ कहा है, तुम्हारी बुद्धि का भी ऐसा ही निश्चय है न? क्योंकि यह विचार आयु और यश को बढ़ाने वाला तथा धर्म, काम और अर्थ को सिद्धि करने वाला है।

हमारे पिताजी जिस वृत्ति का आश्रय लेते हैं, हमारे प्रपितामहों ने जिस आचरण का पालन किया है, सत्पुरुष भी जिसका अनुसरण करते हैं और जो कल्याण का मूल है, उसी का तुम पालने करने हो न?

रघुनंदन! तुम स्वादिष्ट अन्न अकेले ही तो नहीं खा जाते? उसकी आशा रखने वाले मित्रों को भी देते हो न?

इस प्रकार, धर्म के अनुसार दंड धारण करने वाला विद्वान् राजा प्रजा का पालन करके समूची पृथ्वी को यथावत् अपने अधिकार में कर लेता है तथा देह त्याग करने के पश्चात् स्वर्गलोक में जाता है।

हम सभी अवधारणा के रूप में रामराज्य को जानते हैं, परंतु उसे समझते नहीं हैं। इसे क्रियान्वित करने की तो बात ही बहुत दूर है! जैसा कि हम देख चुके हैं, रामराज्य के दौरान जनता खुश एवं समृद्ध रहती है। मेघ समय पर वर्षा लाते हैं, उत्तम कृषि होती है, नगर और कस्बे खुशहाल हैं, वहाँ के निवासी संतुष्ट एवं स्वस्थ हैं। अकाल मृत्यु नहीं होती, प्राणी शारीरिक व्याधि से मुक्त हैं, राम के शासन में कोई विपत्ति नहीं आई। उच्च नैतिक आदर्शों, सिद्धांतों के अनुसार राजकाज चलाया जाता है, स्वार्थ को आड़े नहीं आने दिया जाता, न्याय के मार्ग का अनुसरण किया जाता है, गुरुजनों और विद्वानों की सलाह ली जाती है,

योग्य एवं पात्र व्यक्तियों को प्रमुख पदों पर आसीन किया जाता है, जो दक्ष एवं ओजस्वी होते हैं। तथापि यदि प्रमुख सरोकार लूटपाट, धन-संचय तथा अपनी जरूरतों की ही पूर्ति हो तो इसका अंजाम तबाही होगा।

क्या हम इन सिद्धांतों का पालन करते हैं? क्या योग्यता के आधार पर मंत्रियों का चुनाव/चयन होता है। वित्तीय प्रणाली को सरल शब्दों में इस कहावत के अनुसार समझाया गया है कि 'जितनी चादर हो उतने ही पैर फैलाने चाहिए।' पर्यावरण का संरक्षण अत्यधिक या परम पावन कार्य समझा जाता है और आज मानवजाति के समक्ष सबसे बड़ा खतरा पर्यावरण है, जो 'पृथ्वी बचाओ' नारे अभियान से ही जाहिर होता है।

'सोने की चिड़िया' की अवधारणा कल्पना मात्र रह गई है। जब तक शासन के सिद्धांतों का अनुसरण नहीं करते, तब तक 'राम राज्य' संकल्पना साकार नहीं हो सकती। इसीलिए अपने बुनियादी मूल्यों पर नए सिरे से विचार करने की जरूरत है तथा यदि हम इन मूल्यों का आदर-सम्मान करते हैं, तो हमें इनकी पूजा नहीं, बल्कि इन्हें जीवन में उतारने की जरूरत है।

□

छठा रूप

ऋषि रूप में श्रीराम

वेदों में 'ऋषि' का अर्थ ऋग्वेद के मंत्रों से प्रेरित कवि ध्वनित होता है, जो अकेले या अन्य लोगों के साथ पद्य में देवी-देवताओं का आह्वान करते हैं। विशेष रूप में ऋषि ऋग्वेद के मंत्रों का रचयिता है।

वेदोत्तर काल में ऋषि का अर्थ 'संत' हो गया, जो प्रारंभ में पौराणिक प्रणाली में दिव्य मनुष्यों का विशेष वर्ग है, जैसे असुर, देव तथा नश्वर मनुष्य। स्वामी विवेकानंद ने ऋषियों का 'मंत्र द्रष्टा' या 'मनीषी' रूप में उल्लेख किया है। उन्होंने बताया—"भारत में ऋषियों ने सत्य का अनुभव किया, ये मंत्रद्रष्टा या मनीषी हैं तथा इसके पश्चात् भावी ऋषियों तक सत्य पहुँचा, जो वार्त्ताकार नहीं, शास्त्र को रटनेवाले नहीं, विद्वान् नहीं, दार्शनिक नहीं, बल्कि मनीषी हैं।

ब्राह्मणों में ऋग्वेदों की अनुक्रमणिका में मुख्यत: इन ऋषियों का उल्लेख मिलता है—**Gritsamada** विश्वामित्र, वामदेव, अत्रि, भरद्वाज, वसिष्ठ, अंगीरस, कण्व, ब्राह्मणों तथा पूर्व ऐतिहासिक या पौराणिक काल के विशिष्ट ग्रंथों में सप्तर्षियों का उल्लेख किया गया है। जो इस प्रकार हैं—अत्री, दक्ष, भृगु, नारद, वसिष्ठ, कश्यप को अश्ंवल्यान श्रुत सूत्र में शामिल किया गया है, जहाँ प्रथम मनु (स्वयंभू मनु) ने दस

सिद्धांतों का प्रतिपादन किया है।

सप्तर्षि के अलावा ऋषियों का अन्य रूप में भी वर्गीकरण किया गया है। महत्त्व की दृष्टि से अवरोही क्रम में ब्रह्मर्षि, महर्षि, राजर्षि, देवर्षि, परमर्षि, श्रुतर्षि तथा कंडर्षि को मनुस्मृति 4-94 तथा 11-236 और कालिदास के दो नाटकों में भी जोड़ा गया है।

जब हम ऋषि रूप में राम के छठे रूप का अध्ययन करते हैं तो हमें उनके चरित्र और व्यक्तित्व की गहन दार्शनिक विचारणा का पता चलता है। वसिष्ठ उनके गुरु, शिक्षक एवं दार्शनिक थे। राम ने प्रारंभिक जीवन का काफी समय उनके साथ बिताया था। चीजों को जानने और समझने की उत्कट इच्छा, खोज ने उन्हें ज्ञानवान और परिपक्व बना दिया। नैतिक मूल्यों पर बल, स्व से पहले परमार्थ तथा त्याग की भावना उनके जीवन के मूल सिद्धांत बन गए।

राम उपदेशक मात्र ही नहीं थे, बल्कि जो कहते थे, वह स्वयं भी करते थे। उन्होंने कतिपय सिद्धांतों तथा नैतिक मूल्यों का अनुसरण किया। विषम परिस्थितियों का सामना करते समय यह तथ्य उनके जीवन में अनेक बार उजागर हुआ है। ये 'धर्म' के मार्ग पर चलते थे, आजीवन उन्होंने इसका अनुसरण किया। आइए, हम उनके इस रूप तथा विभिन्न मुद्दों पर उनके विचारों को जानने का प्रयास करते हैं, इनमें राजमहल से वन की ओर गमन का प्रकरण भी शामिल है।

शांत एवं प्रकृतिस्थ ऋषि

1. अयोध्या के राजा बनने की बजाय वन गमन पर क्या राम खिन्न हुए?
2. क्या वे उदास थे?
3. क्या वे किसी से नाराज या क्रुद्ध थे?

नहीं, राज्याभिषेक की घोषणा के समय की भाँति वे शांत और

प्रकृतिस्थ रहे। वन गमन के समय वे न तो निराश थे, न ही उन्हें कोई आघात लगा था, न ही अयोध्या का राजा बनने के समाचार से ही वे प्रभावित हुए थे। उनके लिए इन समाचारों का उनकी भावनाओं पर कोई प्रभाव नहीं पड़ा। वे भौतिक पदार्थों से ऊपर थे। उनके लिए सुख-दु:ख महत्त्वहीन या तुच्छ हैं। यही किसी योगी का सही प्रतिबिंब है, जो भौतिक आनंद तथा पीड़ा से ऊपर उठ चुका है।

इसे इस प्रकार से समझाया गया है—

अयोध्या कांड (छंद-19) सर्ग 32,33,36,37

श्रीराम अविनाशी कांति से युक्त थे, इसीलिए उस समय राज्य का न मिलना उन लोककमनीय श्रीराम की महती शोभा में कोई अंतर न डाल सका, जैसे—चंद्रमा का क्षीण होना उसकी सहज शोभा का अपकर्ष नहीं कर पाता है।

वे वन में जाने को उत्सुक थे और सारी पृथ्वी का राज्य छोड़ रहे थे। फिर भी उनके चित्त में सर्वलोकातीत जीवन्मुक्त महात्मा की भाँति कोई विकार नहीं देखा गया।

जो शोभाशाली मनुष्य सदा सत्यवादी श्रीमान राम के निकट रहा करते थे, उन्होंने भी उनके मुख पर कोई विकार नहीं देखा।

मन को वश में रखने वाले महाबाहु श्रीराम ने अपनी स्वाभाविक प्रसन्नता उसी तरह नहीं छोड़ी थी, जैसे शरदकाल का उद्दीप्त किरणों वाला चंद्रमा अपने सहज तेज का परित्याग नहीं करता है।

इसलिए जब दशरथ ने वन में सेना साथ ले जाने के लिए कहा तो राम ने उत्तर दिया—

अयोध्या कांड (छंद-37) सर्ग 1,2

राजन्! मैं भोगों का परित्याग कर चुका हूँ। मुझे जंगल के फल,

फूल, कंद मूलों से जीवन निर्वाह करना है। जब मैं सब ओर से आसक्ति छोड़ चुका हूँ, तब मुझे सेना से क्या प्रयोजन है?

जो श्रेष्ठ गजराज का दान करके उसके रस्से में मन लगाता है, लोभ वश रस्से को रख लेना चाहता है—वह अच्छा नहीं करता है, क्योंकि उत्तम हाथी का त्याग करने वाले पुरुष को उसके रस्से में आसक्ति रखने की क्या आवश्यकता है?

माता-पिता और गुरुजन—रामायण में ऐसे अनेक उदाहरण पाए जाते हैं, जहाँ राम ने माता-पिता और गुरुजन के प्रति आदर, सम्मान रखने पर अपने विचार प्रस्तुत किए हैं। तथापि ये विचार अत्यधिक दार्शनिक तरीके से वर्णित हैं। जब सीता वन गमन के लिए साथ जाने का आग्रह कर रही थीं, तब राम ने उन्हें बताया—

अयोध्या कांड सर्ग (छंद-30) सर्ग 33,34,35,36,37,38

जो अपनी सेवा के अधीन हैं, उन प्रत्यक्ष देवता, माता-पिता एवं गुरु का उल्लंघन करके, जो सेवा के अधीन नहीं हैं, उस अप्रत्यक्ष देवता-दैव की विभिन्न प्रकार से किस तरह आराधना की जा सकती है?

सुंदर नेत्रवाली सीते! जिनकी आराधना करने पर धर्म, अर्थ और काम—तीनों प्राप्त होते हैं तथा तीनों लोकों की आराधना संपन्न हो जाती है, उन माता-पिता और गुरु के समान कोई अन्य पवित्र देवता इस भूतल पर नहीं है। (जोकि उपासक को पुनर्जन्म के भय से मुक्त करता है।) इसीलिए भूतल के निवासी इन तीनों देवताओं की आराधना करते हैं।

गुरुजनों की सेवा का अनुसरण करने से स्वर्ग, धन-धान्य, विद्या और सुख, कुछ भी दुर्लभ नहीं है।

न सत्य, न ही (पात्र को दिया गया) सम्मान एवं उपहार, न

अत्यधिक व्यय के द्वारा संपन्न धार्मिक कृत्य (परलोक में खुशी) इतने समर्थ हैं, जितना पिता और माता की सेवा।

नैसर्गिक सुख या (लौकिक) संपन्नता, अन्न अथवा ज्ञान पुत्र या जीवन के सुख, बड़ों के आशीर्वाद से कुछ भी पाना कठिन नहीं है।

(विशेषतया) माता-पिता की (सेवा में लगे रहने) वाले महात्मा (मृत्यु के उपरांत) पुरुष देवलोक, गंधर्वलोक, ब्रह्मलोक, सातवाँ स्वर्ग (सृष्टिकर्ता जिसका है।) गोलोक तथा अन्य लोकों को भी प्राप्त कर लेते हैं।

इसीलिए सत्य और धर्म के मार्ग पर स्थित रहने वाले पूज्य पिताजी मुझे जैसी आज्ञा दे रहे हैं, मैं वैसा ही करना चाहता हूँ, क्योंकि यही सनातन धर्म है।

मृत्यु—भरत राम को सिंहासन स्वीकार करने के लिए लगातार भरसक प्रयास कर रहे हैं। वे बहुत ज्यादा व्यथित थे, क्योंकि दशरथ की मृत्यु हो गई थी। वे दु:ख में डूबे हुए थे। उस समय राम ने उन्हें सांत्वना देते हुए दार्शनिक रूप में मृत्यु के बारे में तथा नियति की भूमिका के बारे में समझाया।

अयोध्या कांड

(छंद-105) सर्ग 15,16,17,18,19,20, 21,22,23,24,25,26,27,28,31

भाई! यह जीव ईश्वर के समान स्वतंत्र नहीं है। अत: कोई यहाँ अपनी इच्छा के अनुसार कुछ नहीं कर सकता। काल इस पुरुष को इधर-उधर खींचता रहता है।

समस्त संग्रह का अंत विनाश है। लौकिक उन्नति का अंत पतन है। संयोग का अंत वियोग है और जीवन का अंत मरण है।

जैसे पके हुए फलों को पतन के सिवा और किसी से भय नहीं है,

उसी प्रकार उत्पन्न हुए मनुष्यों को मृत्यु के सिवा और किसी से भय नहीं है।

जैसे सुदृढ खंभे वाला मकान भी पुराना होने पर गिर जाता है, उसी प्रकार मनुष्य जरा और मृत्यु के वश में पड़कर नष्ट हो जाते हैं।

जो रात बीत जाती है, वह लौटकर फिर नहीं आती है; जैसे यमुना जल से भरे हुए समुद्र की ओर जाती ही है, उधर से लौटती नहीं।

दिन-रात लगातार बीत रहे हैं और इस संसार में सभी प्राणियों की आयु का तीव्र गति से नाश कर रहे हैं, ठीक वैसे ही जैसे सूर्य की किरणें ग्रीष्म ऋतु में जल को शीघ्र सोखती रहती हैं।

तुम अपने ही लिए चिंता करो, दूसरों के लिए क्यों बार-बार शोक करते हो? कोई इस लोक में स्थित हो या अन्यत्र गया हो, हर किसी की आयु तो निरंतर क्षीण ही हो रही है।

मृत्यु साथ ही चलती है, साथ ही बैठती है और बहुत बड़े मार्ग की यात्रा में भी साथ ही जाकर वह मनुष्य के साथ ही लौटती है।

शरीर में झुर्रियाँ पड़ गईं, सिर के बाल सफेद हो गए। फिर जरावस्था से जीर्ण हुआ मनुष्य कौन सा उपाय करके मृत्यु से बचने के लिए अपना प्रभाव दिखा सकता है?

लोग सूर्योदय होने पर प्रसन्न होते हैं, सूर्यास्त होने पर भी खुश होते हैं, किंतु यह नहीं जानते कि प्रतिदिन अपने जीवन का नाश हो रहा है।

किसी ऋतु का प्रारंभ देखकर मानो वह नई-नई आई हो (पहले कभी आई ही न हो), ऐसा समझकर लोग हर्ष से खिल उठते हैं, परंतु यह नहीं जानते कि इन ऋतुओं के परिवर्तन से प्राणियों के प्राणों का (आयु का) क्रमशः क्षय हो रहा है।

जैसे महासागर में बहते हुए दो काठ कभी एक-दूसरे से मिल जाते हैं और कुछ काल के बाद अलग भी हो जाते हैं, उसी प्रकार स्त्री, पुत्र,

कुटुंब और धन भी मिलकर बिछुड़ जाते हैं, क्योंकि इनका वियोग अवश्यंभावी है।

इस संसार में कोई भी प्राणी यथासमय प्राप्त होने वाले जन्म-मरण का उल्लंघन नहीं कर सकता। इसलिए जो किसी मरे हुए व्यक्ति के लिए बारंबार शोक करता है, उसमें भी यह सामर्थ्य नहीं है कि वह अपनी ही मृत्यु को टाल सके।

जैसे नदियों का प्रवाह पीछे नहीं लौटता, उसी प्रकार दिन-दिन ढलती अवस्था फिर नहीं लौटती है। उसका क्रमश: नाश हो रहा है, यह सोचकर आत्मा को कल्याण के साधनभूत धर्म में लगावें, क्योंकि सभी लोग अपना कल्याण चाहते हैं।

नैतिकता और सदाचार—जब राम की बात सुनकर भरत मौन हो गए, तब प्रख्यात ऋषि जाबलि ने राम को राजगद्दी पर बैठने के लिए राजी करने का प्रयास किया। उन्होंने 'नास्तिक' सिद्धांत का समर्थन किया, ताकि श्रीराम में संप्रभुता पाने की इच्छा जाग्रत् हो।

उन्होंने यह सलाह दी कि श्रीराम अयोध्या के सिंहासन पर विराजमान होकर राजसी ठाठ-बाट का आनंद उठाएँ। उनका तर्क इस सिद्धांत पर आधारित था कि कोई भी व्यक्ति किसी का मित्र नहीं होता, न ही कोई व्यक्ति किसी से कुछ पा सकता है, वह अकेले ही जनमा प्राणी है तथा अकेले ही यहाँ से चला जाएगा।

उन्होंने यह तर्क रखने का प्रयास किया कि पिता तो प्राणी का मात्र हेतु है। बुनियादी तौर पर वीर्य और रज संयुक्त को भावी माँ गर्भाधान के अनुकूल रात के समय धारण करती है। जो विश्व में मनुष्य के जन्म का कारण बनता है। राम ने जाबालि को नैतिक आचरण और शुद्ध व्यवहार के बारे में अंतर को स्पष्ट किया। मनुष्य को जीवन में इसका अनुपालन करना पड़ता है। नैतिकता ही नहीं बल्कि राम ने पूर्ण सत्य तथा मानव जीवन के समग्र आचरण में भी इसकी विस्तार से चर्चा की

गई। इसे इस प्रकार से बताया गया है—

अयोध्या कांड

(छंद-109) सर्ग 3,4,5,6,7,8,9,10,11,12,13,14, 15,16,17,18,19,20,21,22,23,26,27,28

जो पुरुष धर्म अथवा वेद की मर्यादा को त्याग देता है, वह पापकर्म में प्रवृत्त हो जाता है। उसके आचार और विचार दोनों भ्रष्ट हो जाते हैं, इसलिए वह सत्पुरुषों में कभी सम्मान नहीं पाता है!

आचार ही यह बताता है कि कौन पुरुष उत्तम कुल में उत्पन्न हुआ है और कौन अधम कुल में, कौन वीर है और कौन व्यर्थ ही अपने को वीर मानता है तथा कौन ईमानदार है और कौन बेईमान।

आपने जो आचार बताया है, उसे अपनाने वाला पुरुष श्रेष्ठ सा दिखाई देने पर भी वास्तव में अनार्य होगा। बाहर से पवित्र दीखने पर भी भीतर से अपवित्र होगा। उत्तम लक्षणों से युक्त सा प्रतीत होने पर भी वास्तव में उसके विपरीत होगा तथा शीलवान सा दीखने पर भी वस्तुतः वह दुःशील ही होगा।

आपका उद्देश्य चोला तो धर्म का पहने हुए है, किंतु वास्तव में अधर्म है। इससे संसार में वर्ण-संकरता का प्रचार होगा। यदि मैं इसे स्वीकार करके वेदोक्त शुभ कर्मों का अनुष्ठान छोड़ दूँ और विधिहीन कर्मों में लग जाऊँ। तो कर्तव्य-अकर्तव्य का ज्ञान रखने वाला कौन समझदार मनुष्य मुझे श्रेष्ठ समझकर आदर देगा? उस दशा में तो मैं इस जगत् में दुराचारी तथा लोक को कलंकित करनेवाला समझा जाऊँगा।

जहाँ अपनी की हुई प्रतिज्ञा तोड़ दी जाती है, उस वृत्ति के अनुसार बरताव करने पर मैं किस साधन से स्वर्गलोक प्राप्त करूँगा तथा आपने जिस आचार का उपदेश दिया है, वह किसका है, जिसका मुझे अनुसरण करना होगा; क्योंकि आपके कथनानुसार मैं पिता आदि में से किसी का

कुछ भी नहीं हूँ।

आपके बताए हुए मार्ग से चलने पर मैं पहले तो स्वेच्छाचारी हो जाऊँगा! फिर यह सारा लोक स्वेच्छाचारी हो जाएगा, क्योंकि राजा के आचरण के अनुसार प्रजा भी आचरण करती है। यथा राजा तथा प्रजा!

सत्यता

सत्य का पालन (क्रूरता रहित) ही राजाओं का दया प्रधान धर्म है, सनातन आचार है, अत: राज्य सत्य स्वरूप है। सत्य में ही संपूर्ण लोक प्रतिष्ठित है।

ऋषियों और देवताओं ने सदा सत्य का ही आदर किया है। इस लोक में सत्यवादी मनुष्य अक्षय परम धाम में जाता है।

झूठ बोलने वाले मनुष्य से सब लोग उसी तरह डरते हैं, जैसे साँप से। संसार में सत्य ही धर्म की पराकाष्ठा है और वही सबका मूल कहा जाता है।

जगत् में सत्य ही ईश्वर है। सदा सत्य के ही आधार पर धर्म की स्थिति रहती है। सत्य ही सबकी जड़ है। सत्य से बढ़कर दूसरा कोई परम पद नहीं है।

दान, यज्ञ, होम, तपस्या और वेद इन सबका आधार सत्य ही है। इसलिए सबको सत्य परायण होना चाहिए।

पूर्वजन्म के कृत पाप-पुण्य के आधार पर एक मनुष्य संपूर्ण जगत् का पालन करता है, एक समूचे कुल का पालन करता है, एक नरक में डूबता है और एक स्वर्गलोक में प्रतिष्ठित होता है।

मैं सत्यप्रतिज्ञ हूँ और सत्य की शपथ लेकर पिता के सत्य का पालन स्वीकार कर चुका हूँ। ऐसी दशा में मैं पिता के आदेश का पालन क्यों नहीं करूँ?

पहले सत्य पालन की प्रतिज्ञा करके अब लोभ, मोह अथवा अज्ञान

से विवेक-शून्य होकर मैं पिता के सत्य की (माँ कैकेयी को दिए गए) मर्यादा भंग नहीं करूँगा।

हमने सुना है कि जो अपनी प्रतिज्ञा झूठी करने के कारण धर्म से भ्रष्ट हो जाता है, उस चंचल चित्त वाले पुरुष के दिए हुए द्रव्य को देवता और पितर स्वीकार नहीं करते हैं।

सदगुण

मैं सभी मनुष्यों द्वारा सत्य के रूप में सद्गुण के अपनाने को अनिवार्य तथा प्रमुख समझता हूँ। वर्जनाएँ सज्जनों द्वारा प्रतिपादित हैं और मैं उनका सम्मान करता हूँ।

जो धर्मयुक्त प्रतीत हो रहा है, किंतु वास्तव में अधर्म रूप है, जिसका नीच, क्रूर, लोभी और पापाचारी पुरुषों ने सेवन किया है, ऐसे क्षात्रधर्म का (पिता की आज्ञा भंग करके राज्य ग्रहण करने का) मैं अवश्य त्याग करूँगा, क्योंकि वह न्याययुक्त नहीं है।

मनुष्य अपने शरीर से जो पाप करता है, उसे पहले मन-कर्तव्य रूप में निश्चित करता है, फिर जिह्वा की सहायता से उस अनृत कर्म (पाप) को वाणी द्वारा दूसरों से कहता है, तत्पश्चात् औरों के सहयोग से उसे शरीर द्वारा संपन्न करता है। इस तरह एक ही पातक कायिक, वाचिक और मानसिक भेद से तीन प्रकार का होता है।

पृथ्वी, कीर्ति, यश और लक्ष्मी ये सब-की-सब सत्यवादी पुरुष को पाने की इच्छा रखती हैं और शिष्ट पुरुष सत्य का ही अनुसरण करते हैं, अतः मनुष्य को सदा सत्य का ही पालन करना चाहिए।

आपने उचित सिद्ध करके तर्कपूर्ण वचनों के द्वारा मुझसे जो यह कहा है कि राज्य ग्रहण करने में ही कल्याण है, अतः इसे अवश्य स्वीकार करो। आपका यह आदेश श्रेष्ठ सा प्रतीत होने पर भी सज्जन पुरुषों द्वारा आचरण में लाने योग्य नहीं है।

मैं वन में ही रहकर बाहर-भीतर से पवित्र हो नियमित भोजन करूँगा और पवित्र फल, मूल और पुरुषों द्वारा देवताओं और पितरों को तृप्त करता हुआ प्रतिज्ञा का पालन करूँगा। क्या करना चाहिए और क्या नहीं—इसका निश्चय मैं कर चुका हूँ। अतः फल, मूल आदि से पाँचों इंद्रियों को संतुष्ट करके निश्छल, श्रद्धापूर्वक लोकयात्रा (पिता की आज्ञा के पालन रूप व्यवहार) का निर्वाह करूँगा।

इस कर्मभूमि को पाकर जो शुभ कर्म हो, उसका अनुष्ठान करना चाहिए, क्योंकि अग्नि, वायु तथा सोम भी कर्मों के ही फल से अपने पदों को भागी हुए हैं।

युग-चेतना—बालि की मृत्यु के बाद राम ने सुग्रीव और तारा सहित प्रत्येक व्यक्ति को ढाढ़स बँधाया। उन्होंने तारा से कहा कि अंतिम संस्कार के लिए बालि को पालकी में लाएँ। जब अंत्येष्टि हो गई, तब उन्होंने उन सबके दुःख को बाँटा तथा बताया कि दिवंगत आत्मा के लिए शोक करना उचित नहीं है। अतः दिवंगत आत्मा के कल्याण हेतु मृत्यु के तत्काल बाद किए जाने वाले अपेक्षित कार्य पर ध्यान देना चाहिए। इसे इस प्रकार से स्पष्ट किया गया है—

किष्किंधा कांड (छंद-25) सर्ग 4,5,6,7,8

जगत् में नियति (काल) ही सबका कारण है। वही समस्त कर्मों का साधन है और काल ही समस्त प्राणियों को विभिन्न कर्मों में नियुक्त करने का कारण है।

कोई भी पुरुष न तो स्वतंत्रतापूर्वक किसी काम को कर सकता है और न किसी दूसरे को ही उसमें लगाने की शक्ति रखता है। सारा जगत् स्वभाव के अधीन है और स्वभाव का आधार 'काल' है।

काल भी काल का उल्लंघन नहीं कर सकता। वह काल कभी क्षीण नहीं होता। स्वभाव (प्रारब्ध कर्म) को पाकर कोई भी उसका

उल्लंघन नहीं करता।

समय का कोई भाई-बंधु, मित्र या नजदीकी नहीं होता, समय को कोई नियंत्रित नहीं कर सकता और न ही समय का विरोध कर सकता है। सभी का कारणस्वरूप भगवान भी एक व्यक्तिगत आत्मा के नियंत्रण में नहीं, निर्लिप्त नहीं, यहाँ तक कि धार्मिक गुण, भौतिक संपन्नता तथा इंद्रिय-भोग भी समय ही प्राप्त होते हैं।

स्वामी-सेवक के बीच संबंध—राम उस समय अति आनंदित हुए जब उन्हें सीता की कुशल-क्षेम का पता लगाने के लिए भेजे गए हनुमानजी की सफलता का समाचार मिला था। उन्होंने हनुमान के प्रयासों की इस प्रकार से प्रशंसा की—

युद्धकांड (छंद-1) सर्ग 7, 8,9

जो सेवक स्वामी के द्वारा किसी दुष्कर कार्य में नियुक्त होने पर उसे पूरा करके तदनुरूप दूसरे कार्य को भी संपन्न करता है, वह सेवकों में उत्तम कहा गया है।

जो एक कार्य में नियुक्त होकर योग्यता और सामर्थ्य होने पर भी स्वामी के दूसरे प्रिय कार्य को नहीं करता, वह मध्यम श्रेणी का सेवक कहा गया है।

जो सेवक मालिक के किसी कार्य में नियुक्त होकर अपने में योग्यता और सामर्थ्य होते हुए भी उसे सावधानीपूर्वक पूरा नहीं करता, उसे अधर्म कोटि का कहा गया है।

कूटनीति—विभीषण को शरण देने पर सुग्रीव जामवंत, अंगद तथा हनुमान ने अलग-अलग विचार व्यक्त किए थे। राम ने विभीषण को शरण देने या न देने पर उनकी राय माँगी थी। हर किसी का अलग-अलग दृष्टिकोण था। राम ने प्रत्येक पर धैर्यपूर्वक भली-भाँति विचार किया।

सुग्रीव आक्रमण करने तथा विभीषण का वध करने पर उतारू थे,

क्योंकि वे महसूस करते थे कि विभीषण शत्रु पक्ष से संबंधित है, अतः उस पर हमला किया जाए। राम की सेना में मतभेद था। सुग्रीव ने तर्क दिया कि सहायकों, वनवासियों, वंशानुगत सेवकों या अनुचरों को स्वीकार किया जा सकता है, परंतु शत्रु द्वारा भेजे गए किसी व्यक्ति या दूत को कदापि स्वीकार नहीं किया जा सकता है। अंगद और जामवंत के भी यही विचार थे। केवल हनुमान की अलग राय थी। सबको सुनने के बाद राम ने अपना विचार इस प्रकार से व्यक्त किया—

युद्धकांड (छंद-18) सर्ग 9,10,11,12,13,14

कुछ ऐसा जो अत्यंत प्रखर है, अपितु सभी राजाओं में समान रूप से रहता है और सभी को स्पष्टतः मालूम है, मुझे विभीषण में दिखाई देता है।

राजाओं की दुर्बलता दो प्रकार से बताई गई है—एक तो उसी कुल में उत्पन्न हुए जाति, भाई और दूसरे पड़ोसी देशों के निवासी। संकट में पड़ने पर अपने विरोधी राजा या राजपुत्र पर प्रहार कर बैठते हैं। इसी भय से यह विभीषण यहाँ आया है।

जिनके मन में पाप नहीं है, ऐसे एक कुटुंब जन को हितैषी मानते हैं, परंतु यही सजातीय बंधु अच्छा होने पर भी प्रायः राजाओं के लिए शंका योग्य होता है।

तुमने शत्रु पक्ष के सैनिक को अपनाने में जो यह दोष बताया है कि वह अवसर देखकर प्रहार कर बैठता है, उसके विषय में मैं तुम्हें यह नीति-शास्त्र के अनुकूल उत्तर दे रहा हूँ।

हम लोग इसके कुटुंबी तो हैं नहीं और यह राक्षस राज्य पाने का अभिलाषी है। इन राक्षसों में बहुत से लोग बड़े विद्वान् भी होते हैं।

हमसे मिल जाने पर ये विभीषण आदि निश्चिंत एवं प्रसन्न हो जाएँगे। इनकी जो यह शरणागति के लिए प्रबल पुकार है, इससे मालूम

होता है कि राक्षसों में परस्पर भय बना हुआ है और ये नष्ट हो जाएँगे। इसलिए विभीषण को ग्रहण करना चाहिए।

सुग्रीव ने पुन: चिंता व्यक्त की तथा सलाह दी कि विभीषण को तुरंत बंदी बनाया जाए। राम ने पुन: इस प्रकार से समझाया।

युद्धकांड (छंद-18) सर्ग 27-31

हे शत्रुओं के प्रति कठोर! यदि शत्रु भी शरण में आए और दीनभाव से हाथ जोड़कर दया की याचना करे, तो उस पर प्रहार नहीं करना चाहिए।

शत्रु दुखी हो या अभिमानी, यदि वह अपने विपक्षी की शरण में जाए, तो शुद्ध हृदय वाले श्रेष्ठ पुरुष को अपने प्राणों का मोह छोड़कर उसकी रक्षा करनी चाहिए।

यदि वह भय, मोह अथवा किसी कामना से न्यायानुसार यथाशक्ति उसकी रक्षा नहीं करता तो उसके उस पापकर्म की लोक में बड़ी निंदा होती है।

यदि शरण में आया हुआ पुरुष संरक्षण न पाकर उस रक्षक के देखते-देखते नष्ट हो जाए, तो वह उसके सारे पुण्य को अपने साथ ले जाता है।

इस प्रकार शरणागत की रक्षा न करना एक महान् दोष बताया गया है। शरणागत का त्याग स्वर्ग और सुयश की प्राप्ति को मिटा देता है और मनुष्य के बल व वीर्य का नाश करता है।

दंभ—जब राम ने समुद्र से रास्ता माँगने का अनुरोध किया, तब समुद्र ने उनके अनुनय पर ध्यान नहीं दिया।

राम पृथ्वी पर कुशा बिछाकर बैठे थे। प्रारंभ में उन्होंने निवेदन किया तथा तीन रात समुद्र से प्रार्थना करते रहे। जब कोई जबाव नहीं मिला, तब राम ने क्रोधित होकर ये शब्द कहे—

युद्धकांड (छंद-21) सर्ग 14-17

समुद्र को अपने ऊपर बड़ा अहंकार है, जिससे वह स्वयं मेरे सामने प्रकट नहीं हो रहा है। शांति, क्षमा, सरलता और मधुर वचन ये सभी सत्पुरुषों के गुण हैं। इनका गुण हीनों के प्रति प्रयोग करने पर यही परिणाम होता है कि वे उस गुणवान पुरुष को भी असमर्थ समझ लेते हैं।

जो अपनी प्रशंसा करने वाला दुष्ट, धृष्ट, सर्वत्र धावा करने वाला और अच्छे बुरे सभी लोगों पर कठोर दंड का प्रयोग करने वाला है, उस मनुष्य का सब लोग सत्कार करते हैं।

लक्ष्मण! सामनीति (शांति) के द्वारा इस लोक में न तो कीर्ति प्राप्त की जा सकती है, न यश का प्रसार हो सकता है और न संग्राम में विजय ही पाई जा सकती है।

उत्तरकांड (छंद-2) सर्ग 19-23, 24-26

क्रोध—हे ब्रह्मन्! तुमने श्वान (कुत्ता) को घायल किया है। इसने तुम्हारा क्या बिगाड़ा था, जिसके कारण तुमने इस पर लाठी चलाई? क्रोध मित्र के रूप में मानव का सबसे बड़ा शत्रु है। क्रोध अत्यंत तेज तलवार है। क्रोध सबकुछ नष्ट कर देता है। (सारे गुणों को समाप्त करता है।) मनुष्य जो भी धार्मिक कृत्य अथवा परोपकार करता है, क्रोध उन सभी को नष्ट कर देता है। इसलिए मनुष्य को क्रोध का दमन करना चाहिए और एक सारथी की तरह इंद्रियों पर नियंत्रण रखना चाहिए, ताकि वे बेलगाम घोड़ों की तरह पदार्थों की ओर न भागें।

मनुष्य को अपने आस-पास विद्यमान लोगों का मनसा, वाचा तथा कर्मणा भला करना चाहिए। किसी को हानि नहीं पहुँचानी चाहिए। इस तरह वह निष्पाप हो जाएगा। तेजधार तलवार, पाँवों में पड़ा सर्प भी

इतना हानिप्रद नहीं होता, जितना कि बुरी सोच। जो अनुशासित है, वह भी भावावेश पर काबू नहीं पा सकता। यदि कोई अपने कुत्सित विचारों को छुपा भी ले तो उसके कार्य में वे प्रकट हो जाते हैं।

राम के व्यक्तित्व के विभिन्न रूपों से हममें से अनेक लोग अनजान हैं। ऊपर विभिन्न मुद्दों पर वर्णित उनके विचारों को व्यापक स्तर पर लोगों ने नहीं जाना है। अभी तक प्रस्तुत यह तस्वीर पिता की आज्ञा के प्रति वचनबद्धता, रावण-वध तथा उनके जीवन की अन्य घटनाओं तक सीमित रही है।

राम आदर्श पुत्र, भाई, राजा, योद्धा तथा पति समझे जाते हैं तथा रामराज्य को 'आदर्श राज्य' माना जाता है। उच्च नैतिक आदर्शों से संपन्न राम के बिना इसकी कल्पना भी नहीं की जा सकती। यदि हम उनके प्रारंभिक जीवन पर नजर डालें तो उनके गुरु ऋषि वसिष्ठ थे, जिन्होंने जीवन की प्रारंभिक अवस्था पर ही उनकी शंकाएँ दूर कीं, उन्हें शिक्षा दी तथा संपोषण किया। परिणामस्वरूप, उच्च नैतिक आदर्श उनके व्यक्तित्व में आत्मसात् हो गए। उनके कुछ कार्यों की आलोचना की जाती है। परंतु हमें यह नहीं भूलना चाहिए कि उच्च आदर्शों, नैतिक मूल्यों के आधार पर उन्होंने पवित्र जीवन तथा महान् लक्ष्य के लिए आत्म-त्याग के अनेक उदाहरण प्रस्तुत किए। हम राज्य के त्याग के लिए उनकी प्रशंसा करते हैं, परंतु देशवासियों की खातिर पत्नी के त्याग का निर्णय लेने पर उनकी आलोचना करते हैं। राज्य के कल्याण हेतु वे व्यक्तिगत रूप से नुकसान उठा सकते थे। महती उद्देश्य के लिए उन्होंने अपने जीवन में क्रोध, भावनात्मक एकाकीपन झेला। ऋषि दुर्वासा के वचन की पूर्ति हेतु उन्होंने लक्ष्मण को भी नहीं बख्शा। वे वास्तविक रूप में ऋषि का प्रतीक थे, भले ही उनका जन्म क्षत्रिय कुल में या योद्धा के रूप में हुआ था।

□

सातवाँ रूप

मर्यादा पुरुषोत्तम राम

'रघुकुल रीत सदा चलि आई।
प्राण जाए पर वचन न जाई॥'

जिस क्षण हम यह चौपाई पढ़ते या सुनते हैं, 'मर्यादा पुरुषोत्तम' की छवि तथा रामायण की पूरी गाथा हमारी आँखों के सामने कौंध जाती है। हमारे देश में यह सर्वाधिक पढ़ी जाने वाली धार्मिक पुस्तक है। अनेक लोगों को तुलसी रामायण कंठस्थ है। पहले जमाने में जो लड़कियाँ रामायण का पाठ करना जानती थीं, उन्हें पढ़ी-लिखी प्रतिभाशाली, समझदार और शादी के लायक समझा जाता था। रामायण हिंदू जीवन का आंतरिक भाग है।

रामराज्य का अर्थ ऐसा शासन, साम्राज्य तथा सामान्य परिस्थितियाँ हैं, जो राम के शासनकाल में अयोध्या में मौजूद थीं। 'राम' का शाब्दिक अर्थ या महत्त्व परमानंद है, जिससे दूसरों को भी आनंद मिलता है और जिनमें ऋषि-मुनियों को भी आनंद की प्राप्ति होती है। कहा जाता है कि नाम सिमरन, शुद्धता, शांति, बुद्धिमत्ता, समझदारी, आनंद, समृद्धि तथा परम मोक्ष प्राप्ति का तीव्र, सरल, निश्चित तरीका है। भगवान् राम ने स्वयं कहा था—"मेरे नाम का एक बार सिमरन ईश्वर के हजार नामों के

सिमरन या एक हजार बार मंत्रोच्चारण के बराबर है।'' हिंदू की मरते समय यही इच्छा होती है कि वह अंतिम क्षण में राम नाम ले सके। इस राष्ट्र के निर्माता महात्मा गांधी ने मृत्यु के समय अपने हत्यारे के प्रति क्रोध भरे शब्द नहीं कहे थे बल्कि अंतिम श्वास लेते समय उनके मुख पर ये शब्द थे, ''हे राम, हे राम, हे राम!''

राम आदर्श व्यक्ति, पुरुषोत्तम की विशेषताओं का मानवीकरण है। उनके भीतर सभी अभीष्ट गुण थे। वे मर्यादा का पालन करते थे। राम के पवित्र एवं पावन इरादे तथा कर्मों से विभिन्न पृष्ठभूमि वाले विविध पात्रों में उनके प्रति प्रेम एवं निष्ठा जाग्रत् हुई है। हम राम को सत्य एवं सदाचार से जोड़ते हैं, जो शुद्ध एवं पवित्र हैं तथा जिनका जीवन 'धर्म' पर आधारित है। हम उन्हें 'आदर्श' का प्रतीक मानते हैं। इसलिए वे आदर्श पुत्र, भाई, मित्र, पति, शासक, ऋषि और राजर्षि हैं। उनके व्यक्तित्व एवं चरित्र के विभिन्न रूप उन्हें सभी मनुष्यों से ऊपर ले जाते हैं।

श्रीराम के कुछ आदर्श इस प्रकार हैं—उस समय एक राजा की अनेक पत्नियों या रानियों का होना आम बात थी। यहाँ तक कि राम के पिता की भी तीन पत्नियाँ थीं। सीता के परित्याग के बाद राम दूसरा विवाह कर सकते थे। लेकिन राम अपनी पत्नी के प्रति निष्ठावान रहे तथा सीता की अनुपस्थिति में उन्होंने उनकी सोने की मूर्ति प्रतिष्ठापित की। वाल्मीकि रामायण के बालकांड में उल्लेख किया गया है कि राम और सीता एक-दूसरे के मन में बसे हुए थे।

अन्य उदाहरण इस प्रकार हैं—जब उन्होंने 'युग-चेतना' का वायदा किया तथा घोषणा की थी कि यदि कोई ऋषि दुर्वासा के साथ उनके वार्त्तालाप में प्रवेश की कुचेष्टा करेगा तो वह उसे मृत्युदंड देंगे। तब उनके वार्त्तालाप में और कोई नहीं, बल्कि उनका छोटा एवं प्रिय भाई लक्ष्मण आ गया। राम ने अपना वचन निभाया और उन्हें मृत्युदंड देने की घोषणा की।

ऐसे अनेक उदाहरण मिलते हैं, जब राम ने अपना वचन निभाया।

सर्वाधिक महत्त्वपूर्ण उदाहरण राक्षसों से ऋषियों की रक्षा, सुग्रीव को उसका राज्य दिलाना तथा विभीषण को लंका का राजा बनाना है।

राम के सभी मित्रों के साथ अंतरंग संबंध रहे, चाहे उनकी हैसियत कुछ भी रही हो। इनमें निषादराज गुहा, (पक्षियों के शिकारी), सुग्रीव (वानरराज) तथा विभीषण, राक्षस शामिल थे।

राम ने अपने शत्रुओं के प्रति सौम्यता दरशाई। शत्रु सेना की खूबियों और कमियों की जानकारी लेने के लिए रावण ने अपने दो जासूस शुक और सरण को वानर शिविर में भेजा था। वानर भेष में ये जासूस शत्रु के शिविर में मिल गए। लेकिन विभीषण ने उन्हें पहचान लिया। जब वानर योद्धाओं ने उन्हें मारने (Thrash) लगे तो वे राम की शरण में आ गए। राम ने उन्हें शरण में ले लिया। तब राम ने उनके मिशन के बारे में पूछा तथा जानना चाहा कि क्या उनका मिशन पूरा हुआ या नहीं? उन्हें सुनने के बाद राम ने वानरों से कहा कि वे उन्हें अपने शिविरों में घुमाएँ तथा उन्हें जानकारी दें। उन्होंने जासूसों को रावण के लिए यह संदेश दिया—''कल सुबह मैं लंका को नष्ट कर दूँगा। अपने महल को चारों ओर से सुरक्षित कर लें तथा सूर्योदय का इंतजार करें।'' जासूस राम का करिश्मा, साहस और युद्ध के नियमों का अनुपालन देखकर दंग रह गए। राम से अनुमति लेने के बाद वे जान गए थे कि उनका राजा इस शुद्ध और साहसी मनुष्य से हार जाएगा।

जब रावण पहली बार राम से लड़ा, तो रावण इतना पराभूत हो गया कि रथ, घोड़े, सारथी, ध्वजा, शस्त्र और कवच सबसे च्युत हो गया। यद्यपि स्थिति राम के पक्ष में थी, लेकिन उन्होंने रावण की युद्धकला, पौरुष की सराहना की तथा उसे विश्राम करने की सलाह दी। रावण इस स्थिति से व्याकुल हो उठा, लेकिन वह राम का आभारी था, जिन्होंने उसे जीवन बख्शा तथा एक क्षण के लिए वह सोच में पड़ गया कि क्या वह सीता लौटा दे।

राम आदर्शवाद के प्रतीक थे। सदियों से पीढ़ी-दर-पीढ़ी उनकी आराधना होती रही है। वे धर्म का अवतार थे, उन्होंने धर्म का पालन ही नहीं किया बल्कि इसे प्रतिष्ठित भी किया। उन्होंने 'सत्य' का पालन इसलिए नहीं किया कि उन्हें ऐसा करना था, बल्कि सत्य का पालन करने का कारण यह था कि उन्हें इसमें विश्वास था। धर्म और सत्य के संगम से सदाचार और शुचिता आई। 'राम' के नाम का अर्थ आदर्श सिद्धांतों पर जीवन जीना है। भगवान् राम को 'मर्यादा पुरुषोत्तम' कहा जाता है, जो पूर्ण ब्रह्म है।

राम को अन्य कारण से भी मर्यादा पुरुषोत्तम कहा जाता है। वे हमेशा मर्यादा का आदर एवं अनुपालन करते थे। वे नागरिकों, उनकी भावनाओं तथा बातों की कद्र करते थे। सीता की 'अग्नि परीक्षा' उनके चरित्र का उदाहरण है, जिसमें इस पर आग्रह किया गया था कि केवल इसी मार्ग से ही वे सीता को स्वीकार कर सकते हैं। राम ने सीता के बारे में अपनी शंका के निवारण के लिए यह परीक्षा नहीं ली थी, बल्कि, इसका कारण राजा के रूप में उनके धर्म की माँग थी। हृदय की अतल गहराइयों से, वे जानते थे कि सीता निर्दोष है, परंतु उन्हें अपनी प्रजा को दिखाना है कि वे अपने पिता की तरह स्त्री के गुलाम नहीं हैं तथा 'न्याय प्रिय' राजा होने के नाते वे प्रजा के लिए कोई भी त्याग कर सकते हैं। यह उनके लिए बलिदान या त्याग था। अन्य भारतीय शासकों की तरह राम छद्म में रात को साम्राज्य में जाकर अपनी प्रजा के सुख-दुख तथा अपने शासन के प्रति आम आदमी के विचार सुनते थे। राम के शासनकाल में लोग अपने घरों में ताला नहीं लगाते थे, उन्हें चोरी या किसी अन्य अपराध का कोई भय नहीं था।

वे साधु-संन्यासी जैसा जीवन बिताते थे। हमें यह नहीं भूल जाना चाहिए कि सामान्यतः 'मर्यादा' मनुष्यों से संबंधित है, न कि ईश्वर या देवी-देवताओं से। ईश्वर सभी प्रकार की मानवीय प्रकृति से ऊपर होता

है। राम मनुष्य जैसा व्यवहार करते थे। उन्होंने कदापि अवतार रूप नहीं दिखाया; उन्हें पूर्णतः समाहत मनुष्य माना जाता था, इसीलिए उन्हें 'मर्यादा पुरुषोत्तम' कहा गया।

भारतीय उपमहाद्वीप तथा दक्षिण-पूर्व एशिया में राम को श्रद्धा के साथ देखा जाता है तथा वे प्रेरणादायी व्यक्तित्व रहे हैं। राम पश्चिमी सभ्यता में भी दिनोदिन लोकप्रिय होते जा रहे हैं, जहाँ हिंदू महाकाव्यों तथा मूल्यों को मान्यता मिल रही है तथा लोकप्रियता बढ़ रही है। सैकड़ों नगरों तथा गाँवों का नाम 'राम' के नाम पर रखा गया है। अनेक स्थानीय भाषाओं में दक्षिण पूर्व एशिया में 'रामलीला' का आयोजन होता है। रामकथा कला, शिल्प, संगीत, लोक नृत्य तथा मूर्तिकला का विषय रही है। थाइलैंड में प्राचीन शहर का नाम 'अयुथया' है, यह इस महान् गाथा के प्रति प्राचीन थाई साम्राज्य की प्रशस्ति है। भारत तथा दक्षिण-पूर्व एशिया के अनेक प्राचीन एवं मध्यकालीन राजाओं के नाम 'राम' हैं।

रामायण से सीख—हमें रामायण, श्रीराम के गरिमामय जीवन से क्या शिक्षा मिलती है? राम 'पूर्ण मनुष्य' का उदाहरण हैं, जो हमें सिखाते हैं कि धर्म और सिद्धांतों के अनुसार हमें कैसे जीवन बिताना है? राम करुणा, सौम्यता, दया, न्याय एवं निष्ठा की मूर्ति थे। यद्यपि उनमें इस लोक की संपूर्ण शक्ति विद्यमान थी, फिर भी वे शांत और सौम्य थे। उनके जीवन का सावधानी से विवेचन करने से हम यह सीख लेते हैं कि हम किस प्रकार से श्रेष्ठ पुत्र, भाई, पति तथा राजा बन सकते हैं। निस्संदेह हम पूर्णता प्राप्त नहीं कर सकते, परंतु क्या हम इस ओर प्रयास भी नहीं कर सकते?

रावण ब्राह्मण था। वह बहुत बड़ा विद्वान् था, जिसने दर्शन-शास्त्र पर अनेक ग्रंथ लिखे थे। वह सशक्त ऊर्जावान एवं सुंदर था। लंका के प्रतिभाशाली सुंदर राजा होने के नाते उसके पास आनंद एवं शांतिमय जीवन जीने का प्रत्येक उपादान था। फिर भी मैंने किसी भी बच्चे का नाम 'रावण' नहीं सुना। ऐसा क्यों? हर माँ अपने बच्चे का नाम 'राम'

क्यों रखती है? कोई माँ-बाप अपने बच्चे का नाम रावण रखने के बारे में सोच भी नहीं सकते।

लालसा, इच्छाएँ असीम होती हैं। एक इच्छा पूरी होने पर दूसरी जन्म ले लेती हैं, परिणामस्वरूप हताशा का सामना करना पड़ता है। इसलिए हम चाहे कितने भी स्मार्ट, अमीर या सुंदर क्यों न हों, परंतु यदि हमारे हृदय में क्रोध तथा लालच है, तो हम राक्षस ही होंगे। सार रूप में राम और रावण के बीच यही अंतर है। दोनों ही राजा हैं, दोनों ही शास्त्र ज्ञाता, विद्वान् हैं, दोनों में करिश्मा है, दोनों ही सुंदर हैं, फिर ऐसा क्या है, जिससे राम भगवान् बन गए और रावण राक्षस? दोनों में एक मुख्य अंतर है। राम का हृदय प्रेम, उदारता, मानवीयता तथा कर्तव्य की भावना से परिपूर्ण था, जबकि रावण का हृदय घृणा और अहंकार से भरा था। कहा जाता है—'राव्यातिति रावणाह' अर्थात् "जो व्यक्ति लोगों को रुलाता है, वह रावण है। जो दूसरों को प्रसन्नता देता है, वह राम है।"

अब सवाल यह उठता है कि हम राम जैसे कैसे बन सकते हैं? हम शांत और धर्मपरायण कैसे बन सकते हैं? हम अपने ही भीतर चल रहे 'लंका युद्ध' को कैसे जीत सकते हैं? राम ने अपने जीवन और कर्मों के माध्यम से पूर्ण उदाहरण प्रस्तुत किया है। दिव्यता प्राप्ति का मार्ग, 'पूर्ण' होने का मार्ग, टुकड़ों में बँटने की बजाय शांत होने का मार्ग अपनाकर राम के उदाहरण को जीवन में उतारा जा सकता है।

दशानन असुर का वध—विजयदशमी के दिन रावण का पुतला जलाकर रावण के प्रतीकात्मक वध को समझना होगा। बुनियादी तौर पर यह हमारे जीवन के लिए संदेश तथा प्रतीक है। रावण के दस शीश उद्वेग, दर्प, क्रोध, लालच, मोह (आसक्ति), वासना, घृणा, ईर्ष्या, स्वार्थ तथा धूर्तता के प्रतीक हैं। दशानन असुर का वध करके, राम ने अधर्म और अराजकता पर धर्म तथा ईश्वरत्व की विजय हासिल की।

तथापि जब हम भगवान् राम की विजय का आनंदोत्सव मनाते हैं,

तब हमें स्वयं से पूछना होगा—क्या हमारे भीतर रम रहे राम ने हमारे ही भीतर मौजूद रावण पर विजय पाई है? क्या हमारे मन में अच्छाई ने बुराई को जीता है? क्या हमने अपने भीतर दशानन असुर को मारा है? क्या हमने निम्नलिखित तामसिक वृत्तियों पर काबू पाया है—

1. उद्वेग।
2. घमंड।
3. क्रोध।
4. लालच।
5. आसक्ति या मोह।
6. वासना।
7. घृणा।
8. ईर्ष्या।
9. स्वार्थ।
10. धूर्तता।

धर्म के अनुसार कर्तव्य पालन

राम का प्रमुख संदेश है—

1. निस्स्वार्थ भाव से अपने कर्तव्य का पालन करें।
2. स्व से पहले अन्य जन को प्राथमिकता दें।

जब राम वन में वास कर रहे थे, तब राम ने यह शिकायत नहीं की थी, परंतु यह सही नहीं है। न ही उन्होंने क्रोध के वशीभूत कोई झगड़ा किया। इसकी बजाय उन्होंने पिता के वचनों के पालन में मदद की; उन्होंने पुत्र रूप में तथा भावी राजा के रूप में कर्तव्य के अनुरूप जीवन जिया। उन्होंने एक बार भी अपने बारे में, अपने आराम के बारे में तथा अपने अधिकार के बारे में नहीं सोचा, बल्कि वे अपने धर्म और कर्तव्य पर अडिग रहे।

अर्थ के बजाय धर्म का चयन किया—रामायण का यह संदेश है : काम की बजाय मोक्ष को चुनें। हिंदू परंपरा के अनुसार जीवन के चार ध्येय हैं—धर्म, अर्थ, काम और मोक्ष, सभी ध्येय महत्त्वपूर्ण हैं। पूर्ण, परिपूर्ण जीवन के लिए सभी अनिवार्य हैं। धर्म का मोटे तौर पर अर्थ सही मार्ग या उचित मार्ग है। अर्थ व्यक्ति के जीवन निर्वाह, कॅरियर या व्यावसायिक मार्ग से जुड़ा है। काम व्यक्ति की शारीरिक/भौतिक अंतरंगता अर्थात् 'विवाह' से जुड़ा है; मोक्ष ईश्वर की प्राप्ति है। समय गुजरने के साथ-साथ 'धर्म' की गलत ढंग से व्याख्या की जाने लगी तथा धर्म का अर्थ धार्मिक कर्मकांड, अनुष्ठान या समारोह तक सीमित रह गया।

राम ने हमें शिक्षा दी है कि जब हमारे पास विकल्प हो, तो हमें अर्थ की जगह धर्म को चुनना चाहिए। जब दशरथ राम के राज्याभिषेक की बजाय 14 वर्ष के वनवास की आज्ञा देने के लिए विवश थे, तब राम ने शांतिपूर्वक धर्म के मार्ग को चुना और अर्थ की बजाय धर्म (वनगमन) के लिए अपना राज्य छोड़ दिया। उन्होंने अयोध्या के भावी शासक के रूप में इसे अपना कर्तव्य समझा। तब रामायण के अंत में राम ने काम की बजाय मोक्ष चुनने का मार्ग दिखाया।

प्रजा का विश्वास बनाए रखने के स्थान पर अपनी ही खुशी को चुनना कितना आसान है। राम जानते थे कि पहले वे राजा हैं, बाद में पति। उनका प्रमुख कर्तव्य प्रजा का आरोग्य, आनंद एवं समृद्ध जीवनयापन है। अयोध्या में सीता के बने रहने से असंतोष एवं मनमुटाव उत्पन्न होगा। इसलिए उन्होंने पुन: निस्स्वार्थ भाव से कर्तव्य का पालन करते हुए गृहस्थ सुख की बजाय राज्य को चुना।

राम से मिलने वाली शिक्षा

पुत्र रूप में—आदर भाव से खुशी-खुशी पिता की आज्ञा का पालन करें, यदि कोई विकट असमंजसपूर्ण स्थिति आती है, तो पिता की गरिमा

बनाए रखने के लिए अपने सुखों का त्याग कर दें।

सौतेले पुत्र के रूप में—यदि आपकी सौतेली माँ (या सास) आपके प्रति सहृदय नहीं है, तब भी जब वह स्पष्ट रूप में अपने बच्चे के लिए आपसे भेदभाव रखती है, तो विरोध न करें, न ही झगड़ा करें। माँ की और उनकी इच्छा की कद्र करें।

भाई के रूप में—अपने भाई के प्रति निष्ठावान रहें, उसका खयाल रखें।

पति के रूप में—अपनी पत्नी की रक्षा करें। उसकी सुरक्षा तथा पवित्रता के लिए संघर्ष करें। लेकिन ऐसा भी समय आता है, जब श्रेष्ठ मार्ग की गृहस्थ मार्ग पर प्रधानता होती है; उस समय गृहस्थ की भूमिका अंतिम भूमिका नहीं होनी चाहिए।

राजा के रूप में—अपनी जनता के लिए सर्वस्व त्याग दें। अपने आराम, सुविधा या खुशी की परवाह न करें; अपनी जरूरतों के स्थान पर राज्य को प्राथमिकता दें।

सेतु निर्माता के रूप में—लंका युद्ध तक शत्रु तक सेतु बनाने के कारण जीता गया था। यह महत्त्वपूर्ण सीख है। जीवन में हमें अपने तथा दूसरों के बीच, यहाँ तक कि जिन्हें हम अपना शत्रु समझते हैं, उन तक भी सेतु बनाना चाहिए। दूसरों से कटने की बजाय उन तक हमें सेतु बनाना होगा। हम सेतु जलाकर नहीं बल्कि सेतु बनाकर बुराई के साथ अच्छाई की लड़ाई जीत सकते हैं।

विनम्र रहें—रावण के अहंकार ने उसे खत्म कर दिया था, पहले आत्मा फिर हृदय और अंत में शरीर मृत्यु को प्राप्त हुआ। वह सोचता था कि सबकुछ उसी के नियंत्रण में है। दूसरी ओर राम हमेशा विनम्र रहे और उन्होंने कभी भी श्रेय नहीं लेना चाहा, जब रावण मर रहा था तब राम ने विजय उत्सव नहीं मनाया था। उन्होंने अपने भाई लक्ष्मण को मृत्युशैया पर लेटे रावण से शिक्षा लेने के लिए भेजा था, क्योंकि रावण

विद्वान्, वैदिक पंडित था, जो अहं, दर्प, घमंड तथा आसक्ति के कारण राक्षस बन गया। इसलिए राम ने लक्ष्मण को रावण के पास भेजा, ताकि वह मृत्यु-शैया पर लेटे महान् प्रकांड पंडित रावण से ज्ञान के शब्द सुन सकें। राम जानते थे कि पापवृत्तियों के कारण रावण का पतन हुआ है, फिर भी वह महान् विद्वान् है तथा उससे ज्ञान की प्राप्ति हो सकती है।

हमें राम की विजय का उत्सव मनाते हुए खुद से पूछना होगा, क्या हमारे भीतर भगवान् राम हैं?

क्या हमारे भीतर अच्छाई ने जन्म लिया है?

क्या हमारे भीतर धर्म की शक्ति ने अधर्म को नष्ट कर दिया है?

यह जिंदगी का सफर बहुत छोटा है, हम नहीं जानते कि इसका कब अंत हो जाएगा? क्या हम रावण को अपने भीतर रहने देना चाहते हैं? क्या हम रावण के काबू में रहना चाहते हैं? हमें अपने मन में राम को बसाना होगा। हमें शुचिता, ईमानदारी, विनम्रता तथा धर्मपरायणता को अपने जीवन के मार्गदर्शी घटक बनाने की प्रतिज्ञा लेनी होगी।

हर व्यक्ति एक दिव्य अवतार है

रामायण का अत्यधिक बलवती संदेश यही है कि हमें यह महसूस करने की कोशिश करनी होगी कि प्रत्येक व्यक्ति में दिव्य अवतार की सँभवानाएँ निहित हैं। मनुष्य रूप में राम दिव्य पृष्ठभूमि से अवगत नहीं थे, यदि राम के साथ ऐसा हो सकता है, तो हमारे लिए यह कल्पना करना आसान हो जाएगा कि हम सभी देवी-देवता हैं, जो अपनी दिव्य उत्पत्ति तथा स्वरूप को भूल चुके हैं। नाटक या पुस्तक रूप में रामायण का अनुभव करते समय, हम दिव्य अंश के कारण उच्च ध्येय को पूरा करने के लिए प्रेरित होते हैं, इस गाथा में राक्षसों का पृथ्वी पर वर्चस्व है तथा अधिकांश देवी-देवता उनके गुलाम हैं। मनुष्य और वानर भगवान् के सभी अवतार इन राक्षसों को पराभूत करने के लिए परस्पर मिल जाते

हैं। इस सफलता का एक कारण यह है कि राक्षसराज रावण यह महसूस करता था कि मनुष्य दुर्बल है। उसने मानव शक्ति को कम आँका। वह मनुष्यता में देवत्व की संभावना को पहचान नहीं पाया। यद्यपि राम शक्तिशाली योद्धा थे, लेकिन राक्षसों ने उन्हें मात्र मनुष्य समझा। तथापि दिव्यावतार के रूप में राम चुनौती स्वीकार करने तथा राक्षस के राज्य को नष्ट करने में समर्थ थे।

सशक्त बनाने वाला संदेश : आम आदमी भी शक्तिशाली हो सकता है। इस विचार से शक्ति का संचार होता है। यद्यपि इस कथा का संदेश प्रमुखतः सबल योद्धा राजाओं के लिए प्रतीत होता है, परंतु यह कम शक्तिशाली तथा अशक्त लोगों पर भी लागू होता है। औसत नागरिक भी खुद को कमजोर समझ सकता है। औसतन मनुष्य की प्रमुख चुनौती अपने 'स्वामी' को नीचा दिखाने की मनोवृत्ति से खुद को आँकने से बचना है। राम में राक्षसों का विनाश करने की क्षमता अंतर्निहित है, उसी प्रकार से प्रत्येक नागरिक में विकट चुनौतियों का सामना करने की क्षमता अंतर्निहित है, चाहे चुनौती निजी हो या राजनीतिक।

'रामायण' के अनुसार राम ने इस पृथ्वी पर ग्यारह हजार वर्षों तक शासन किया था। इससे लाखों आधुनिक भारतीयों के समक्ष ऐसा युगकाल प्रतिबिंबित होता है, जब ईश्वर लोक पर शासन करते थे। उस समय न्याय और स्वतंत्रता, शांति और समृद्धि विराजमान थीं। प्राकृतिक आपदा, रोग, व्याधि या दुर्भाग्य का नामोनिशान नहीं था। दुनिया में पापकर्म नहीं होता था। राम की सभी पूजा करते थे, राम मोक्ष का प्रतीक हैं, परम लक्ष्य तथा जीवन का गंतव्य हैं, पूर्ण चरित्र, मानव आचरण का सर्वश्रेष्ठ उदाहरण हैं तथा युगों-युगों तक वे मनुष्यों के लिए प्रेरणा का स्रोत रहेंगे!

□□□